Contemporary Classics

今こそ名著

論語

至高の人間力

前田信弘◎編訳

日本能率協会マネジメントセンター

はじめに

『論語』は、いまをさかのぼること二千五百年ほどまえ、中国の春秋時代《しゅんじゅう》を生きた孔子を中心とする言行録である。だれもが知っている有名な古典である。

学びて時にこれを習う、亦《ま》た説《よろこ》ばしからずや
故《ふる》きを温《あたた》めて新しきを知る、以《もっ》て師《し》と為るべし—温故知新
吾《わ》れ十有《ゆう》五にして学に志《こころざ》す
義《ぎ》を見て為《せ》ざるは、勇《ゆう》なきなり
巧言令色《こうげんれいしょく》、鮮《すく》なし仁《じん》
己れの欲せざる所は人に施《ほどこ》すこと勿《な》かれ

これらは『論語』のことばである。われわれが知っている、また学んできたことばが数多くある。

しかし、それらのよく知られたことば以外にも数々の名言が『論語』のなかには記されている。その数々の名言を、いまなお学ぶ意義は大きい。なぜなら二千五百年という時間の流れを感じさせることなく新鮮で、現代のわれわれの生きるうえでの貴重な教えとなるからだ。

ただ、教えといっても、古くさく、説教じみたものでは決してない。孔子の語ることは、人としての生きかたであり、きわめて現実的であり、人間的なものである。だから、人間がよりよく生きるためにはどうすべきか、心豊かに暮らすにはどうあるべきなのか、そのこたえを『論語』に見出すことができるのだ。

『論語』は、日本でも長きにわたり多くの人々に読みつがれ、今日に至るまで日本人に多大な影響をあたえてきた。

新渡戸稲造は『武士道』のなかで、「孔子の教えが武士道の最も豊かな源泉であった」と記し、孔子が日本人の武士道の精神に大きな影響をあたえたことを述べている。『論語』は、古くから日本人の心に深く根ざしてきたのである。

また、近代日本資本主義の父といわれる渋沢栄一。その渋沢にも強い影響をあたえ、精神的な支柱ともなったのが『論語』である。かれは幼いときから『論語』を学び、後年、その教えを応用し、実践した。そして、生涯に約五〇〇もの企業にかかわり、日本の近代経済社会の基礎を築いたのである。

本書は、『論語』の現代語訳であり、原文とあわせて第二部に収録した。

第一部では『論語』という書物について、そして孔子という人物、その生涯について記した。とくに、孔子の生涯を知ることによって、『論語』のことばの背景やその意味を深く理解することができ、より第二部の現代語訳が味わい深く読めるであろう。

第二部には、現代語訳を収録してあるが、全文の訳ではない。全訳ではないが、有名なことばはもちろん、現代に活かしたい章を中心に幅広く収録した。第一部や第三部でも多くのことばを取り上げているので、『論語』のエッセンスを十分に知ることができるだろう。

また、『論語』は各篇の内容のほとんどが短いことばのあつまりであり、その配列には、統一したテーマがない。だから、『論語』はどこから読み進めても構わないとされている。

そこで、本書ではいくつかのテーマを設定し、それにあわせて関連する章を選び、六章にまとめてみた。ここが本書の特徴の一つといえるだろう。

第一章「理念と実践」　どのような理念を抱き、それをどう実践してゆくのか。

第二章「倫理と克己」　人として生きるうえで、守らなければならないものとは。

第三章「指導と理想」　リーダーはいかにあるべきか。真のリーダーとは。

第四章「統率と管理」　人々をどう導き、組織をどう管理・運営してゆくべきか。

第五章「対人と育成」　人とどう接し、人をいかに育ててゆくべきか。

第六章「勉学と成長」　どのように勉学に取り組んでゆくべきか。

さらに、現代語訳と原文にくわえ、理解を深めるために、ことばの背景などの補足や、現代にあてはめた場合の考察などの解説を付した。


そして、『論語』は人間が生きてゆくうえで必要なあらゆる事柄について言及した書物といえるので、第三部では『論語』を通して、社会を生きてゆくうえで必要な「人間力」についての考察を試みた。


本書を通して、『論語』から生きるためのヒントや、仕事の指針、学びのありかたなど、今後の人生の糧となるものを見出していただけたら幸いである。

また、本書がこれからの人生・生活の一助となれば望外の喜びである。

前田信弘

目次

第二章　倫理と克己

第四章　統率と管理

第三部　『論語』に学ぶ人間力　293

第一部

名著『論語』とは

名著『論語』とは

『論語』は、いまをさかのぼること二千五百年ほどまえ、中国の春秋《しゅんじゅう》時代を生きた孔子を中心とする言行録であり、世界でもっとも有名な古典の一つである。

『論語』が、いつどのような人々によって編纂《へんさん》されたかについては、くわしいことはわかっていない。しかし、じかに孔子に接した弟子たちが、記憶し、なんらかの形で記録した問答やことばを、孔子の没後に、直弟子《じきでし》や孫弟子が収集・整理して、編纂したことは、まず間違いないとされている。

弟子たちは、それぞれ孔子のことばを記憶していた。孔子が亡くなると、一門の人々は一緒に孔子のことばを寄せ集め、議論したうえで編纂した。孔子のことば＝「語」を集め、議論＝「論」しあって編纂したから、『論語』であるといわれている。別の説もあり、これが事実であるかは不明であるが、一般的にはよく知られている説である。

春秋時代
前七七〇～前四〇三。

『論語』は全二十篇から成るが、各篇のタイトルは、各篇の冒頭の章の、最初の語句から二字または三字をとって篇名としたものである。だから、深い意味はない。各篇の内容は、ほとんどが断片的といってもよいような短いことばの集まりである。その配列も、統一したテーマで集めておらず、一定の方向性をもったものとはいいがたい。孔子の発言を無理に分類しようとせず、あるがままに収録されているのである。

つごう五百余章から成る『論語』の中心は、孔子の対話の記録である。対話の相手の多くは弟子たちであるが、ときには孔子の生まれた魯《ろ》をはじめとする諸国の君主や重臣などが登場することもある。また、弟子たち自身のことばも数多くある。

『論語』が孔子の著書ではなく、顔淵《がんえん》、子貢《しこう》、子路《しろ》をはじめとする個性的な弟子たちと向きあい、語りあった対話の記録であるというところが、この書物の大きな魅力となっている。弟子たちは、あるときは就職の相談をもちかけ、あるときは食ってかかることもある。また、あるときはほめられ、あるときは叱られ、弟子どうしの議論があり、協調がある。この孔子と弟子たちのやりとりを通して、その人物像や人間関係がいきいきと、そして鮮明に描かれているのである。

◆原本は各章がつづけて書いてあるので、全二十篇が計何章で成り立っているかは、テキストによって必ずしも一致していない。

顔淵　顔回《がんかい》。姓を顔、名を回、あざなを子淵《しえん》という。孔子より三十歳年少であり、孔子の最愛の弟子。

『論語』は、中国でもっとも広くかつ長く読まれてきた書物である。日本では、『論語』は四世紀初頭、応神天皇《おうじんてんのう》の時代に百済《くだら》から渡来した王仁《わに》によってもたらされたという記録がある。これは伝説としても、おそらく六世紀初頭には日本に伝来し、以後、長きにわたって、広く読みつがれた。江戸時代になると、上層階級だけでなく、寺子屋などを通じて庶民階級にも浸透し、普及していったのである。

なお、『論語』には、長い年月のあいだに数えきれないほどの注釈書や解説書がうまれた。そのもとになるのは、いわゆる「古注《こちゅう》」と「新注《しんちゅう》」である。古注とは、魏《ぎ》の何晏《かあん》がそれまでの注釈を整理し編纂した『論語集解《ろんごしっかい》』を指す。また、新注とは、南宋の朱子の著した注釈『論語集注《ろんごしっちゅう》』を指す。また、日本におけるすぐれた注釈としては、江戸時代、伊藤仁斎の著した『論語古義《ろんごこぎ》』と荻生徂徠《おぎゅうそらい》の著した『論語徴《ろんごちょう》』があげられる。

ところで、『論語』の中心人物である孔子はどのような人物で、どのような一生を送ったのだろうか。次に孔子の生涯について見てゆく。

子貢
姓を端木《たんぼく》、名を賜《し》、あざなを子貢という。孔子より三十一歳年下で、弁論にすぐれた孔子門下の秀才。また商才にもたけた多芸の士でもあった。

子路
姓を仲《ちゅう》、名を由《ゆう》、あざなを子路という。孔子より九歳年下で年長の弟子に属する。腕っぷしが強く、気持ちがまっすぐで、それをすぐにあらわす熱情家。

孔子の生涯
―恵まれなかった幼少年期

孔子（名は丘《きゅう》、あざなは仲尼《ちゅうじ》）は、春秋時代の後半、小国の魯《ろ》に生まれた。孔子の生年には諸説ある。没年は紀元前四七九年、ときに七十四歳。

孔子の生い立ちは、不明な点が少なくない。ただ、決して恵まれたものではなかったことは確かなようである。孔子の父は叔梁紇《しゅくりょうこつ》という士（武人）であった。母は、顔《がん》氏の娘、徴在《ちょうざい》であるが、正妻ではなかったようだ。父の叔梁紇は孔子の生後まもなく亡くなり、母の顔徴在も、早い時期に他界したという。さらに兄もいたらしいが、名もわからない。幼い孔子は、貧困のなかで毎日を送らなければならなかったのである。

『史記』によれば、孔子は幼いころ、お祭りをしたり、お辞儀をしたりして遊んでいたとされる。孔子が礼に重きをおいたのは、すでにこのころから現れていたのだろうか。この話は、おそらく後の時代になって、孔子を尊敬する人々がつくったものであったとしても、孔子は幼いとき

魯
中国古代、西周・春秋時代の列国の一つ。

◆中国では、自分のことを指すときは名を用いるが、他人がこの名でその人を呼ぶのは礼を失するとして、別にあざな（字）があり、これでその人を呼ぶならわしがある。

◆生年には、紀元前五五二年説と紀元前五五一年説とがあるが、本書では紀元前五五二年説とする。

から、遊びでさえも、他の子どもとは違っていたのであろう。

貧しい孔子は、早くから実社会に出てはたらかなければならなかったが、委吏《いり》と呼ばれる倉庫係や司職《ししょく》の吏という牧場の飼育係をして生計を立てていたようである。後年、孔子はこう語っている。

「吾《わ》れ少《わか》くして賤《いや》し。故《ゆえ》に鄙事《ひじ》に多能《たのう》なり」　**(『論語』子罕第九―六)**

(わたしは若いころ貧しく身分が低かった。だから、つまらない仕事がいろいろできるのだ)

これは、不遇な青年時代を述懐《じゅっかい》したことばであると考えられる。

孔子は不遇であったが、どのような場合でも、仕事に精励した。まじめに、正しく仕事を処理した。そのため評判がよく、やがて人から信頼されるようになっていったのである。

このようにして、若いころから、さまざまな仕事を経験した孔子は、早くから社会の様子を知り、また、人に対しては思いやりの深い人間として成長していったのであろう。

『史記』　中国最初の紀伝体の通史。前漢の司馬遷《しばせん》の著。『史記』に孔子の伝説を載せた「孔子世家《せいか》」がある。

孔子の生涯
―学問に志す

そんな孔子が志したのは、学問の道にほかならなかった。次の有名なことばがある。

「吾れ十有《ゆう》五にして学に志《こころざ》す」　**（『論語』為政第二―四）**
（わたしは十五歳で学問に志した）（第二部第六章286頁参照）

孔子は十五歳で学問に志した。これはいかに孔子が学問に対して情熱をもち、学問を愛していたかを示すものである。

とはいえ、そのころの貴族の子弟の普通の教育の方法であった、家庭教師について学ぶことは不可能であった。当時の風習として十三歳で学校に入ることになっていたので、入学したと考えられるが、特定の師について学ぶのではなく、日々の仕事のあいまに、また仕事を通じて学ぶという姿勢で、たえず励んでいたのであろう。

そして、決まった師につかず、あらゆるものから必要なものを吸収し、独力で学問をきわめていった。それを物語る次の話がある。

弟子の子貢が「あなたの先生の仲尼（孔子）は、だれについて学んだのですか」と問われ、こうこたえた。

「文武《ぶんぶ》の道、未《いま》だ地に堕《お》ちずして人に在《あ》り。賢者《けんじゃ》は其《そ》の大なる者を識《しる》し、不賢者は其の小なる者を識す。文武の道あらざること莫《な》し。夫子《ふうし》焉《いず》くにか学ばざらん。而《しこう》して亦《ま》た何の常師《じょうし》かこれ有らん」

（『論語』子張第十九―二十二）

（文王《ぶんおう》・武王《ぶおう》の道は、まだ地上から消滅したわけではなく、人々に残っています。すぐれた人はその重要なものを覚えていますし、すぐれていない人でもその重要でないものを覚えています。文王・武王の道はどこにでもあるのです。だから、先生がどこでも学ばれなかったところはなく、そしてまた決まった先生などはもたれなかったのです）

文王・武王の道とは、周の文王と武王が伝えた道。孔子が理想とした周初めの伝統である。

文王
周の文王。その仁政に諸侯も感化された。周の道徳文化の創始者とされる。

武王
周の文王の子。殷《いん》の紂王《ちゅうおう》の暴虐な政治を見かね、紂王を倒し、周王朝を建てた。

　青年時代の孔子は、こうして苦労を重ねながらも、学びつづけ、広く文化的教養を積み重ねていった。そのかいあって、だんだんと弟子が増え、三十歳ころには学問の基礎ができあがり、社会的な評価も高まっていったのである。

孔子の生涯
―混乱する魯の国内

　春秋時代後半は下剋上《げこくじょう》の嵐が吹き荒れる時代であり、各国内部において、実権が君主から家臣へと移行し、混乱が生じていた。

　孔子の母国の魯という国は、周公《しゅうこう》（周公旦《しゅうこうたん》）の長男伯禽《はくきん》によって開かれた由緒のある国であった。周公は周の文王の子で、しかも殷《いん》を滅ぼした武王の弟であり、武王の没後、幼い成王《せいおう》を助けて周王朝の建国の基礎をかためた人物である。そして、孔子が尊敬してやまない人であった。

　しかし、孔子が生まれてから以後の魯は、誇り高い格式を失って、他の強国に従属する自主性のない小国に転落しつつあった。

　魯の国内では、旧来の社会秩序は崩壊し、三桓氏《さんかんし》と総称される三大貴

周公（周公旦）
周王朝を創設した武《ぶ》王の弟。周公は武王の死後、後継者となった武王の息子成《せい》王を補佐して礼や制度を定め、周王朝の基礎を築いた。

族が魯の公室以上の権力をふるうに至った。政治の実権は三桓氏が握り、三家で政権をたらいまわしに世襲していた。その横暴ぶりは目に余るものがあった。

それを示すものとして、三桓の季孫氏の当主が、天子だけが許される八佾《はちいつ》（八人八列六十四人）の舞を、自分の家の庭で実施するという出来事があった。この季孫氏の専横ぶりを見て、孔子はこう憤慨《ふんがい》している。

「八佾《はちいつ》、庭《てい》に舞わす、是《こ》れをも忍ぶべくんば、孰《いず》れをか忍ぶべからざらん」（『論語』八佾第三―一）

（八列の舞を自分の家の庭で舞わせている。これをがまんできるなら、世のなかにがまんできないことはないだろう）

国家の宗教行事を、一貴族がその勢力を誇示する手段としておこなうことは、礼をぼうとくすることで、礼を重んじた孔子としては、とうてい許すことはできなかったのである。

三桓氏　魯の三大貴族で、桓公《かんこう》の子孫である季孫氏《きそんし》、孟孫氏《もうそんし》、叔孫氏《しゅくそんし》を指す。

◆礼の定めでは、八佾（八人八列、六十四人）は天子の舞。天子が祭祀をおこなうさいに奉納される群舞。諸侯は六佾（六人六列、三十六人）。卿大夫は四佾（四人四列、十六人）。季孫氏はそれをおかした。

孔子の生涯
―斉への外遊

孔子は三十代に斉《せい》の国を訪ねている。それは、魯の昭公《しょうこう》が三桓氏との争いに敗れて斉に亡命したのを追った旅だといわれるが、その目的など詳細は不明である。天下の礼を乱し、君主を国外に追い出してしまうような国に対して、いたたまれない気持ちになったのであろう。ただ、当時斉は経済面や文化面において繁栄した大国であり、そこで孔子が数々の刺激をうけたことは間違いないとされる。たとえば、斉の国の出来事として、次のようなものがある。

「子、斉《せい》に在《いま》して韶《しょう》を聞く。三月、肉の味を知らず」

（『論語』述而第七―十三）

（先生は斉の国で韶の音楽を聞かれ感動して、三カ月、肉の味さえわからなくなられた）

昭公
孔子の母国魯の君主（前五四一～前五一〇在位）。

韶
伝説の聖太子舜《しゅん》がつくった音楽。

孔子は、斉の国で音楽を聞き、感動のあまり、三カ月間、当時の最高の食物であった肉を食べても、その味さえわからなかったという。

斉にいるあいだに見聞したことが、かれをさらに人間的に大きく成長させたであろう。

やがて孔子は魯に帰ったが、そのころには弟子入りするものもかなり増え、それに応じて学団が形成されるようになった。

孔子が周公を尊敬していたことは先にふれたが、理想とする周公について次のような発言がある。

「甚《はなは》だしいかな、吾《わ》が衰《おとろ》えたるや。久し、吾れ復《ま》た夢に周公を見ず」

（『論語』述而第七—五）

（わたしもひどく老いたものだね。ずんぶんになるな、周公の夢をみなくなってから）

孔子は、周公をいつも夢にみるほどあこがれつづけたのである。

この周公を手本とした、仁愛と礼法を中心とした、節度のある理想社会の到来を目指すという、孔子の思想の骨格ができたのは、このころだと考えられる。

孔子の生涯
―政治家としての活躍

孔子はみずからの理想を実践に移すべく、政治参加を志すが、その機会はなかなか訪れなかった。そんな孔子が、ようやく魯の政治にかかわることができるようになったのは、紀元前五〇一年、五十二歳のときであった。

魯では、亡命先で没した昭公にかわって定公《ていこう》が君主に即位し、それにともない孔子が仕官をもとめられたのである。最初に任命されたのは、中都の長官であった。次いで土木関係を管理する司空《しくう》という職につく。さらには大司寇《だいしこう》（司法長官）に昇進する。これは孔子の力量がずば抜けてすぐれていたことを物語るものである。というのは、当時、下級士族出身の一学者が、このように登用されることは異例中の異例のことであったからだ。

このとき、孔子にとって、まさに政治家としての絶頂期を迎えたわけ

定公　魯の君主（前五〇九～四九五在位）。

中都　山東省汶上県《ぶんじょうけん》。

である。この時期に、孔子が魯で政治的な手腕を発揮して、重要人物であると考えられるようになった、ある事件があった。それは、夾谷《きょうこく》でおこなわれた、魯と斉とのあいだで開催された和平会談である。

当時、魯と斉の両国は交戦状態に入っていた。斉から、和解のために和平会談を開こうという提案があった。このときの力関係は、斉は強国、魯は弱国。斉には、この会談を利用して魯を圧迫し、魯を属国あつかいしようという思惑があった。だから、この会談がうまくゆかなければ、魯は斉に服従しなければならない事態になるかもしれなかったのである。

会談の場所として選ばれたのは、斉の夾谷。孔子が抜擢され、大臣待遇の全権大使ということで、定公を補佐して会談に参加した。

会談では、やはり斉側が不穏な動きを見せたが、とっさに機転をきかした孔子がその動きを封《ふう》じた。窮地に追い込まれた定公を無事に救うことに成功したのである。それればかりか、斉は、謝罪のしるしとして、侵略していた魯の領地を返還してきたのである。

この外交上の功績によって、孔子の名声はますます高まったのであった。

夾谷

山東省萊蕪《らいぶ》県。

孔子の生涯
―政治家としての挫折

　ところで、孔子が政治家として目指したのは、本来あるべき社会秩序を再構築することであった。国内の政治改革は長いあいだの夢であり、必ず達成しなければならない悲願でもあった。

　それを実現するには、当時、魯の公室以上の実力をもっていた三桓氏の勢力をそぐ必要があると孔子は考えた。そして、三桓氏の勢力を弱体化させるには、どのような方法があるのか。三桓氏の力の源は、それぞれの城壁にあり、この三つの城壁さえ壊してしまえば、かれらの勢力は弱体化するはずだという考えにおよんだ。

　そこで、さっそく三桓氏に対して、その城壁を撤去するよう説得工作をおこなった。孔子の計画は、順調に進行し、三桓氏のうち、まずもっとも強大な実力をもつ季孫氏が説得に応じた。次いで叔孫氏もこれに承諾した。

　しかし、最後になって孟孫氏が反対し、兵を率いて籠城《ろうじょう》してしまった。

土壇場になって、孔子の計画はあえなく失敗に終わり、挫折を余儀なくされるのであった。

この不運にくわえ、隣国の斉が魯が強国となるのを阻止しようと画策し、魯国の腐敗堕落《ふはいだらく》政策をとった。不幸にもそれが功を奏してしまう。

斉は、自分の国の女性のなかから、八十人を選んで女性歌舞団をつくり、魯国慰問使節団という名目で魯に送りこんできた。もともと進歩的な商業国家の斉では、このような遊興は盛んであっただろうが、保守的な田舎国家の魯では考えられないことであった。

きらびやかな八十人の歌舞団が魯に到着。まず、その誘惑に負けたのが、魯国第一の実力者の季桓子《きかんし》であった。かれは、歌舞団を見物しに出かけ、朝廷に出席せず、国事を怠ったのである。このときのことが、次のように記されている。


「斉人《せいひと》、女楽《じょがく》を帰《おく》る。季桓子《きかんし》これを受《う》く。三日朝《ちょう》せず。孔子行《さ》る」

(『論語』微子第十八―四)


(斉の国から女性歌舞団が贈られてきた。季桓子はそれを受け入れて、三日も朝廷に出席しなかった。孔子は失望して魯を立ち去られた)

季桓子
魯の三大貴族、三桓の一つ季孫氏の一族で、この当時魯の実力者であった。

孔子の生涯
――諸国流浪の旅へ

その後まもなく、紀元前四九七年、孔子は大勢の弟子たちを引き連れて魯を離れ、諸国を流浪することになった。自分の政治理想を受け入れてくれる君主をもとめて、諸国をめぐる遊説の旅に出たのである。ときに五十六歳。

孔子が旅に出た理由は、先に見たように斉から女性歌舞団が贈られ、そのために季桓子が国事を怠ったことなどが『史記』には記されているが、三桓氏の排斥に失敗したのが大きな原因の一つであったと考えられる。

孔子の旅程をたどると、次のようになる。

まず衛《えい》に向かい、その後、曹《そう》・宋《そう》・鄭《てい》・陳《ちん》の諸国を巡る。ふたたび衛にもどり、さらに陳・蔡《さい》の両国を経て、楚《そ》へ。三たび衛を通って、魯に帰った。

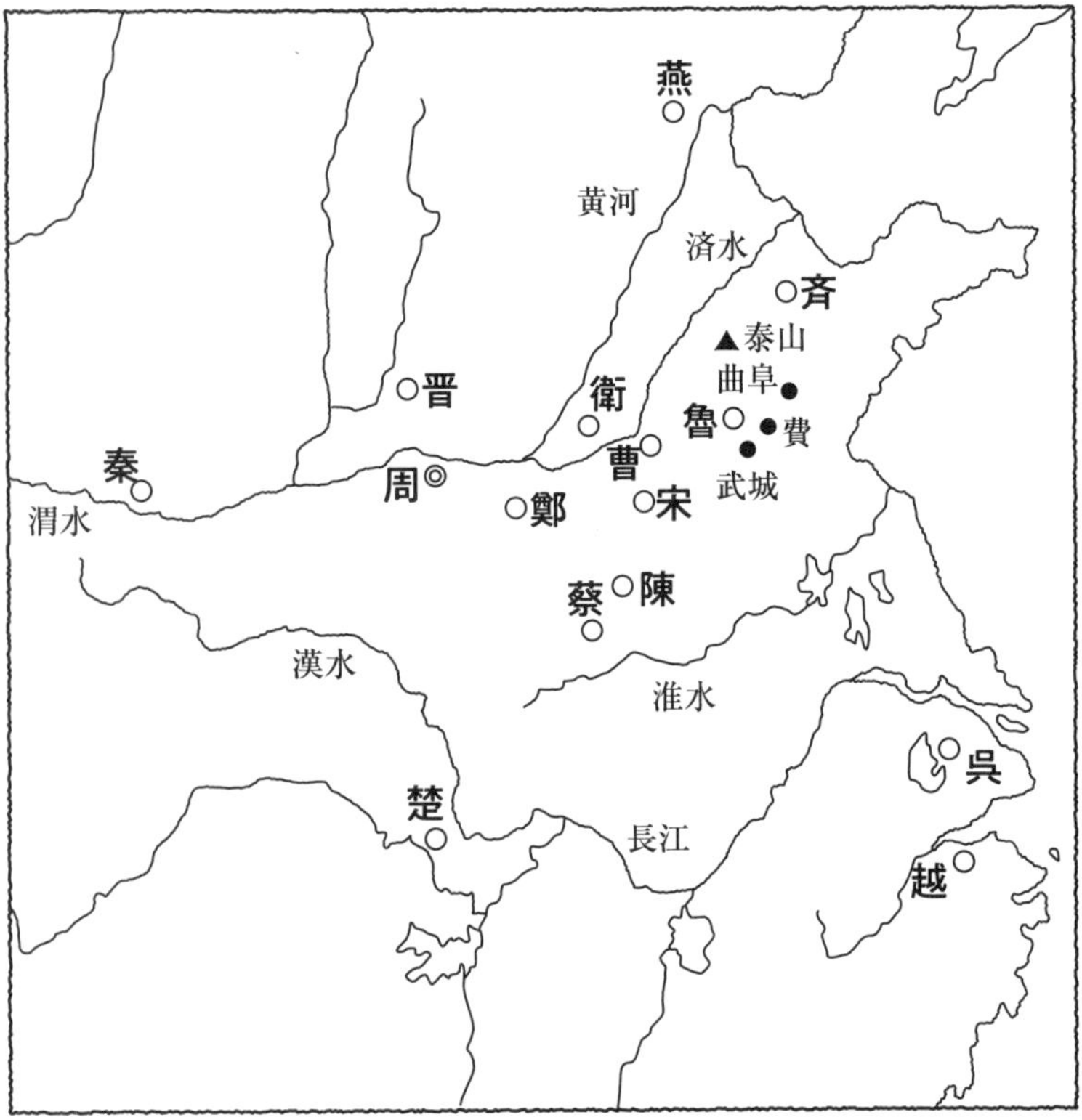

孔子関連地図

孔子が大勢の弟子をともなって、足かけ十四年にもおよぶ長旅をしたのは、魯以外で自分の理想とする政治を実現するという大きな目的があったからである。それは、孔子が次のように語っていることからもわかる。

「苟《いやし》くも我れを用うる者あらば、期月《きげつ》のみにして可《か》ならん。三年にして成すこと有らん」

（『論語』子路第十三―一〇）

（もしだれかわたしを用いて政治をさせてくれる人がいれば、一年あれば十分だ。三年もたてば完璧にしてみせるのだが）

このように政治にたずさわることさえできれば、短期間に功績を残してみせるといい切っているのである。

理想を胸にいだき、みずから積極的に仕官をもとめた孔子であったが、ことは思いどおりには運ばなかった。乱世のさなかに、孔子の理想主義を受け入れてくれる君主とめぐりあうことはできなかったのである。

また、君主は孔子を用いようとしたのに、側近がそれを退けたということもあった。孔子は母国の魯で三桓氏を圧迫し、政治的な発言力を弱めようという政策をとった。孔子が理想とする国家のありかたは、貴族の手に握られていた政治権力を君主の手にもどし、君主の権力を強固なものとするというものであった。この考えかたは、君主には歓迎されるものであったが、貴族たちにとってみれば、自分たちの立場をあやうくする危険な思想であった。当時は政治の権力を貴族たちが握っていた。だから、孔子がいくら熱心に諸国の君主に説きまわっても、受け入れられなかったのは当然といえば当然といえよう。

孔子の生涯

―一行を襲う三つの危機

望みがかなわなかったばかりか、長い旅のあいだに、生死にかかわるような危機に三度も遭遇している。

第一の危機は、匡《きょう》という町で孔子を待ち受けていた死の危険であった。孔子一行は、陳の国に行こうとして、匡の町を通りかかった。

このとき、顔刻《がんこく》というものが御者をしていた。匡の城壁がこわれているところを、鞭《むち》で指しながらこういった。

匡
所在は不詳。

「以前に陽虎《ようこ》とこの町に来たとき、あの城壁がこわれているところから侵入したのです」。

陽虎は、部下を引き連れて、この辺りを荒らしまわったことがあったのである。偶然、顔刻のことばを耳にした匡の人々は、ふたたび陽虎たちが荒らしに来たと思い込み、孔子一行を監禁してしまった。不幸なことに、孔子の容貌が陽虎に似ていたという。監禁は五日にもおよび、弟子たちも動揺した。

このとき孔子は、こう発言している。

「文王既に没したれども、文茲《ここ》に在《あ》らずや。天の将《まさ》に斯《こ》の文を喪《ほろ》ぼさんとするや、後死《こうし》の者、斯の文に与《あず》かることを得ざるなり。天の未《いま》だ斯の文を喪ぼさざるや、匡人《きょうひと》其れ予《わ》れを如何《いかん》」

（『論語』子罕第九―五）

（文王はもはや亡くなられたが、その文化はここ、わが身に存在しているではないか。天がわが身にそなわっているこの文化を滅ぼそうとするなら、後の時代のものは、この文化の恩恵をうけることができなくなる。天がわが身にそなわっているこの文化を滅ぼそうとしないのであれば、匡のもの

陽虎
陽貨《ようか》。季孫氏の家臣であったが、三桓をおさえて魯の実権を握る。さらなる権力の強化を図るためクーデターを起こすが失敗。斉に亡命する。

どもが、わが身をどうすることができようぞ）

自分こそが周の文化をうけつぐものであり、そんな自分がこんなところで命をおとすはずがないという、孔子の強い自負が感じられるものである。

孔子は、従者を衛の重臣のもとに遣《つか》わして、かれの臣下とさせた。そのおかげで、匡を去ることができた。孔子はなんとか血路を開き、危機を脱したのである。

第二の危機は、孔子が衛をはなれ、曹の国から宋の国に入ったときに起きた。

大きな木の下で、門人たちと礼を学んでいたときのことである。そこに、宋の司馬《しば》という軍隊を率いる長官の桓魋《かんたい》が、大樹を切り倒して、孔子を殺そうとしたのである。

弟子たちは、「早く逃げましょう」と促《うなが》したが、孔子はこういった。

「天、徳を予《わ》れに生《な》せり。桓魋《かんたい》其れ予れを如何《いかん》」

（『論語』述而第七―二十二）

桓魋

孔子に反感をもつ宋の重臣。桓魋の弟は孔子の弟子の司馬牛《しばぎゅう》とされる。

（天がわたしに徳をさずけられた。桓魋ごときがわたしをどうすることができようか）

そして、第三の危機が起きる。紀元前四八九年、呉が陳を攻撃した。楚は陳に援軍を送り、陳の国は混乱に陥った。

孔子は、陳を離れて楚に向かおうとした。楚の昭王《しょうおう》から招かれていたからである。楚に向かう途中、呉と楚の争いの的になっている小国がいくつかあり、蔡《さい》もその一つであった。孔子一行は、陳から蔡を通って、楚に行こうとしたが、陳と蔡の国境で危機に直面した。

楚が孔子の意見を聞き入れて政治をおこなえば、自分たちが困ると考えた陳と蔡の貴族たちが、共同で兵を出して孔子一行を包囲したのである。一行は食糧を手に入れることができず、病にたおれる弟子も出た。弟子の子路が腹を立てて、「君子でもやはり困窮《こんきゅう》することがあるのですか」といった。すると、孔子はこうこたえた。

「君子固《もと》より窮《きゅう》す。小人《しょうじん》窮すれば斯《ここ》に濫《みだ》る」

（『論語』衛霊公第十五―二）

（君子ももちろん困窮することはある。だが、小人は困窮するとやけくそになるものだよ）（第二部第三章154頁参照）

その後、楚が兵を出して孔子をむかえたので、からくも危機を脱することができたのであった。

いずれの危機も、最悪の事態だけは回避できたが、この旅が苦難の連続であり、決して楽な旅ではなかったことを物語っている。しかし、孔子の態度・発言は、死の危機に直面しても動ずることはなく、底抜けに楽天的である。崇高な理想と強い精神力がそうさせたのだろうか。

報われることの少なかった長旅にあいだ、孔子はくじけることなく、理想社会の到来を期待して弟子を励まし、強い精神力をもって旅を継続したのであった。

しかし、結局、孔子はいずれの国の政治にもたずさわることができず、足かけ十四年にもおよぶ諸国流浪の旅を終えた。紀元前四八四年、ようやく魯に帰国した。ときに六十九歳。

君子 ひとかどの立派な人物。

小人 小人物、つまらない人間。

孔子の生涯
―晩年

こうして魯に帰国した孔子は、正式な仕官はせず、このときの君主哀公《あいこう》や宰相季康子《きこうし》から政治の相談を受ける程度であった。孔子は、政治については、これに甘んじ、残りのエネルギーは古典の整理と弟子の教育に注いだ。

古典とは、主に『詩経《しきょう》』と『書経《しょきょう》』であり、その編纂《へんさん》には部分的にせよ、孔子が関与したものと考えられている。

弟子については、『史記』には「弟子の数は三千人を数え、そのなかで六芸に通じたものが七十二人あった」とされている。正確な人数は不明であるが、多くの弟子たちが孔子のもとに集《つど》い、そこで熱心な指導がおこなわれていたことであろう。孔子の教育は、相手に応じてその方法をかえるところに特徴があるといわれている（孔子の教育・指導法については第二部第五章を参照）。

多くの弟子たちのなかで、孔子がもっとも期待して、思想的後継者と

哀公
魯の君主（前四九四～四六八在位）。

季康子
三桓の一つ、季孫氏の一族。

『詩経』
五経（儒教の経典）の一つ。中国最古の詩集。

『書経』
五経（儒教の経典）の一つ。

六芸
当時の必須の教養とされたのが六芸。礼《れい》・楽《がく》（音楽）・射《しゃ》（弓射《きゅうしゃ》）・御《ぎょ》（馬車を駆ること）・書《しょ》（書法）・数《すう》（算術）。

考えていたのが、顔淵（顔回）である。その顔淵は、紀元前四八二年、四十一歳の若さで没したという。孔子は、その悲しみに身をふるわせて慟哭《どうこく》し、周囲の弟子たちを驚かせた。その様子が、次のように伝えられている。

「顔淵死す。子これを哭《こく》して慟《どう》す。従者《じゅうしゃ》の曰《い》わく、子慟せり。曰《のたま》わく、慟すること有るか。夫《か》の人の為めに慟するに非《あら》ずして、誰《た》が為めにかせん」

（『論語』先進第十一―一〇）

（顔淵が死んだ。先生は大声を出して身をふるわされ泣きくずれられた。従者がいった。「先生は慟哭されましたね」。先生はいわれた。「わたしは慟哭していたか。かれのために慟哭するのでなかったら、いったいだれのためにするというんだ」）

不幸は顔淵の死ばかりではなかった。その二年前には息子の鯉《り》が五十歳で死去し、二年後にはかわいがっていた弟子の子路が衛で戦死したのである。こうした近親者の死は、晩年の孔子にとって、どれほど悲痛な出来事であっただろうか。

◆身もだえするはげしい悲しみの表現は、孔子の行動としては異例であった。従者はそれに驚いたのである。

鯉
孔子の息子。姓を孔、名を鯉、あざなを伯魚《はくぎょ》という。

そして、紀元前四七九年、かれらを追うかのように、孔子は七十四歳でその生涯を終えた。

このように孔子の生涯は、まさに波乱万丈《はらんばんじょう》の人生であったのである。

人間学の書『論語』

『論語』には、こうした数々の苦難を乗り越えてきた偉大なる孔子と、孔子を敬愛する弟子たちとの関係が鮮やかに描かれている。孔子は師ではあるが、まったく偉ぶるところがない。弟子たちは、疑問があれば率直に質問し、孔子はそれにやさしく、ときにはきびしくこたえている。同じことを聞いても、違ったこたえが返ってくることも多い。孔子は、画一的に教えるということをせず、弟子の個性や理解力に応じて柔軟に対応したのである。

『論語』で語られていることは、道徳的なテーマが中心である。そもそも孔子は「儒教の祖」とされている。

道徳、儒教と聞くと、古くさく、説教じみた、かたくるしいものだと思われがちである。だが、孔子の語るその道徳は人としての生きかたであり、きわめて現実的であり、人間的なものである。窮屈な道徳主義的なところはなく、明るく楽天的である。孔子は、親しみ深く、ときには冗談をまじえながら、われわれに語りかけてくるのである。

そういった意味で、『論語』はきわめて人間的な書物であり、人間学の書として読むことができる。人間がよりよく生きるためにはどうすべきなのか。心豊かに暮らすにはどうあるべきなのか。そのこたえを『論語』に見いだすことができるであろう。

混迷する現代社会、先行きが不透明で将来が不安な時代。理想や希望をもちにくく、どう生きるべきかに迷う時代。そんな時代だからこそ、『論語』が生きるヒントとなり、また生きる指針ともなるだろう。

第二部

現代語訳『論語』

※本書における原文の引用は、『論語』金谷治訳注（岩波文庫）によります。
なお、原文については読みやすさを考慮し、字体の変更、ルビの追加などの修正をおこなっています。

第一章 理念と実践

「民は信《しん》なくんば立たず」

「人にして遠き慮《おもんぱか》り無ければ、必らず近き憂《うれ》い有り」

「位《くらい》なきことを患《うれ》えず、立つ所以《ゆえん》を患《うれ》う」

「速《すみや》かならんと欲すること毋《な》かれ。小利を見ること毋かれ」

「小、忍《しの》びざれば、則《すなわ》ち大謀《たいぼう》を乱る」

「朝《あした》に道を聞きては、夕べに死すとも可《か》なり」

あるべき理想のすがた

乱世の世を生きた孔子。他国と争い、国内秩序は乱れた、混乱した社会。そのような状況のなかで、孔子は、仁と礼を中心とした節度ある理想社会の到来をめざすという遠大な理念、将来に対するビジョンをもっていた。そして、不断の研さんを重ね、どんな苦難にあっても、どんなに苦汁をあじわっても、自分の進むべき道を正しく歩みつづけた。

こうあるべきだという理想のすがた。人や組織がどうあるべきなのかという理念をもつ。そして、その理念をもとに、どう取り組み、どう実践してゆくべきなのだろうか。『論語』を通して、それらを学ぶことができるだろう。

人として信義が不可欠

―人にして信《しん》なくんば、其《そ》の可《か》なることを知らざるなり―

先生がいわれた。

「人として信義がなければならない。そうでなければうまくやっていけるはずがない。牛車に横木がなく、馬車にくびきがなくて、いったいどうやって車を走らせることができようか」。

子の曰《のたま》わく、人にして信なくんば、其の可《か》なることを知らざるなり。大車輗《げい》なく小車軏《げつ》なくんば、其れ何を以てかこれを行《や》らんや。

子曰、人而無信、不知其可也、大車無輗、小車無軏、其何以行之哉、

（為政第二―二十二）

【解説】

「信義」―約束を守り、つとめを果たすことの大切さを説く。このこと

大車　牛車。

輗　牛車の轅《ながえ》（車の前方に長く突き出ている二本の棒）の前端にあって、牛のうしろ首にかける横木。くびき。

を牛車、馬車のくびきの役割にたとえて説明している。牛車、馬車は、くびきがなければ車としての役目を果たすことはできないが、人の信義もそれと同じだという。「信」の重要性、心に刻んでおきたいものである。

また、「信」については次のような章がある。

「信」がなければ立ちゆかない
―民は信《しん》なくんば立たず―

子貢《しこう》が政治のことをおたずねした。先生はこういわれた。

「食糧を十分にして、軍備を十分にして、そして人民が信頼観をもつことだよ」。

すると、子貢は質問をした。

「どうしてもやむを得ずに捨てるとしたら、この三つのなかでどれをさきにしますか」。

先生は、「軍備だな」といわれた。

さらに子貢はこう質問した。

小車
馬車。

軏
馬車につかうくびき。

子貢
姓を端木《たんぼく》、名を賜《し》、あざなを子貢という。孔子より三十一歳年下で、弁論にすぐれた孔子門下の秀才。また商才にもたけた多芸の士でもあった。

「どうしてもやむを得ずに捨てるとしたら、あと二つのなかでどれをさきにしますか」。
先生はこうこたえられた。
「食糧を捨てる。むかしから人はだれでも死ぬ運命にある。だが、人民の信頼がなければ、人も政治も立ちゆかなくなるものだ」。

子貢《しこう》、政《せい》を問う。子の曰《のたま》わく、食を足《た》し兵を足し、民をしてこれを信ぜしむ。子貢が曰《い》わく、必らず已《や》むを得ずして去らば、斯《こ》の三者に於いて何《いず》れをか先きにせん。曰《のたま》わく、兵を去らん。曰《い》わく、必らず已むを得ずして去らば、斯の二者に於いて何れをか先きにせん。曰《のたま》わく、食を去らん。古《いにし》えより皆な死あり、民は信なくんば立たず。

子貢問政、子曰、足食足兵、民信之矣、子貢曰、必不得已而去、於斯三者、何先、曰去兵、曰必不得已而去、於斯二者、何先、曰去食、自古皆有死、民無信不立、

（顔淵第十二―七）

【解説】

子貢から政治について問われた孔子は、政治をおこなう場合、なによりも大事なのは、人民の信頼を得ることだと強調する。政治に限らず、信頼を得ることが大事なのは、何事においてもいえることである。人も組織も信頼がなければ、立ちゆかない。人も組織も、「信」のうえに成り立っているのである。

この考えかたを孔子の高弟が深く理解し、それをあらわしている次のような章がある。

哀公《あい》が有若《ゆうじゃく》にたずねられた。

「今年は不作で財源が不足しているのだが、どうしたものだろうか」。

有若はおこたえしていった。

「どうして税率を十分の一になされないのですか」。

すると哀公はいわれた。

「十分の二の税率でも、まだ不足しているというのに、それをどうして十分の一に下げられようか」。

哀公
孔子の晩年の魯《ろ》の君主。(前四九四〜四六八在位)。

有若
姓を有《ゆう》、名を若《じゃく》、あざなを子有《しゆう》という。孔子の高弟。

有若はおこたえしていった。
「人民の生活が十分だというのに、君主はだれといっしょに足りないといわれるのでしょうか。人民の生活が足りないというのに、君主はだれといっしょに十分といわれるのでしょうか」。

哀公、有若《ゆうじゃく》に問いて曰《い》わく、年饑《う》えて用足《た》らず、これを如何《いかん》。有若対《こた》えて曰《い》わく、盍《な》んぞ徹《てつ》せざるや。曰《い》わく、二にして吾れ猶《な》お足らず、これを如何ぞ其れ徹せんや。対えて曰《い》わく、百姓《ひゃくせい》足らば、君孰《たれ》と与《とも》にか足らざらん。百姓足らずんば、君孰と与にか足らん。

哀公問於有若曰、年饑用不足、如之何、有若對曰、盍徹乎、曰、二吾猶不足、如之何其徹也、對曰、百姓足、君孰與不足、百姓不足、君孰與足、

（顔淵第十二―九）

【解説】

「民は信なくんば立たず」、人民の信頼を得ることこそ、行政にたずさわ

徹《てつ》　周の税法で、農民の収穫の十分の一（一割）を取り立てるもの。魯では宣公のときから十分の二（二割）になっていた。

るものとしての最重要課題である。この考えかたにそって、有若は不作に苦しむ人民の負担を軽減するべきだと説いている。

国家の財政は、人民から取り立てているのだから、人民の生活を豊かにすれば、自然に財源はふえてくる。この財政に関する説は、長期経済の立場に立っているものといえよう。長期的に考えるべきことについては、次のようなことばがある。

長期的な視野に立つ

―人にして遠き慮《おもんぱか》り無ければ、必らず近き憂《うれ》い有り―

先生はいわれた。

「遠い先まで見とおして配慮しておかなければ、必ず近いところで心配ごとがおきるものだ」。

子の曰《のたま》わく、人にして遠き慮《おもんぱか》り無ければ、必らず近き憂い有り。

子曰、人而無遠慮、必有近憂、

（衛霊公第十五—十二）

【解説】

遠いさきのことまで考えておかなければ、足元からくずれてしまう。目のまえばかりを見るのではなく、先々のことを見すえることが肝要だというものである。

組織においても、個人においても、長期的な視野に立ち、将来どうなりたいのか、またどうあるべきなのか、理念・ビジョンをもたなければならないのだろう。

広く社会的な役割を果たす

—四方に使いして君命《くんめい》を辱《はずか》しめざる—

子貢《しこう》がおたずねしていった。

「どのような条件をそなえたら、士といえましょうか」。

先生はいわれた。

「自分の行動をかえりみて恥を知り、ほうぼうの国々に派遣されても、君主からうけた命令を果たして辱《はずか》しめられることはない。それでこそ士といえるだろう」。

子貢がいった。

「しいておたずねしますが、それに次ぐ条件とはなんでしょうか」。

先生はいわれた。

「一族の人たちからは孝行ものだとよばれ、郷里の人たちからは、年長者を立てるものだとよばれることだよ」。

子貢がいった。

「さらにおたずねしますが、それに次ぐ条件とはなんでしょうか」。

先生はいわれた。

「いったことはかならず誠実に守り、おこなうときはかならず果たすことだな。こちこちの小人物だがね、まあそれに次ぐ条件といえるだろう」。

子貢がいった。

「いまの政治にたずさわる人はどうでしょうか」。

先生はいわれた。

子貢　姓を端木《たんぼく》、名を賜《し》、あざなを子貢という。孔子より三十一歳年下。48頁参照。

士　広く教養を身につけた社会的人間。ここでは政治にたずさわるもののニュアンスが強い。

「ああ、器量の小さい人ばかりだ。数のうちに入らないな」。

子貢、問いて曰《い》わく、何如《いか》なるをか斯《こ》れこれを士と謂うべき。子の曰《のたま》わく、己れを行なうに恥あり、四方に使いして君命《くんめい》を辱《はずか》しめざる、士と謂うべし。曰《い》わく、敢《あ》えて其の次ぎを問う。曰《のたま》わく、宗族《そうぞく》孝を称し、郷党弟《きょうとうてい》を称す。曰《い》わく、敢えて其の次ぎを問う。曰《のたま》わく、言《げん》必らず信、行《こう》必らず果《か》、硜硜然《こうこうぜん》たる小人なるかな。抑ゝ《そもそも》亦た以て次ぎと為すべし。曰《い》わく、今の政に従う者は何如《いかん》。子の曰《のたま》わく、噫《ああ》、斗筲《としょう》の人、何ぞ算《かぞ》うるに足らん。

子貢問曰、何如斯可謂之士矣、子曰、行己有恥、使於四方不辱君命、可謂士矣、曰、敢問其次、曰、宗族稱孝焉、郷黨稱弟焉、曰、敢問其次、曰、言必信、行必果、硜硜然小人也、抑亦可以爲次矣、曰、今之從政者何如、子曰、噫、斗筲之人、何足算也、

（子路第十三ー二〇）

【解説】

子貢から、政治にたずさわるものとしての「士」の条件をたずねられ、

斗筲の人
「斗」は当時の一斗、「筲」は当時の一斗二升。そうしたマスで量れるような小人物のこと。

孔子はまず恥を知り、国の外交使節としての役割を果たすことをあげる。これに次いで身近な一族や郷里（地域社会）のなかで評価されることをあげる。さらにこれに次いで、小人物ではあるとしているが、個人の言動の誠実さをあげている。

「士」としてのレベルが下がるにしたがって、「士」としての領域・範囲が、国家→親族・地域社会→個人と狭くなっていく。ということは、「士」として最上なのは、国家のために役割を果たすこと。国、また広く社会に貢献することがもとめられるということである。

広く社会のためにということについては、次のような章がある。

すべての人々のために

—己《おの》れを脩《おさ》めて以《もっ》て百姓《ひゃくせい》を安んず—

子路が君子についてたずねた。

先生はいわれた。

「自分の修養に努めてつつしみ深くすることだ」。

子路がいった。

「そんなことだけでしょうか」。

先生はいわれた。

「自分の修養に努めて、ほかの人を安らかにすることだ」。

子路がいった。

「そんなことだけでしょうか」。

先生はいわれた。

「自分の修養に努めて、すべての人々を安らかにすることだ。自分の修養に努めて、すべての人々を安らかにすることは、あの堯《ぎょう》や舜《しゅん》のような聖人でさえ苦労されたことだよ」。


子路、君子を問う。子の曰《のたま》わく、己れを脩《おさ》めて以て敬す。曰《い》わく、斯《か》くの如きのみか。曰《のたま》わく、己れを脩めて以て人を安んず。曰《い》わく、斯くの如きのみか。曰《のたま》わく、己れを脩めて以て百姓《ひゃくせい》を安んず。己れを脩めて以て百姓を安んずるは、堯《ぎょう》・舜《しゅん》も

子路問君子、子曰、脩己以敬、曰如斯而已乎、曰脩己以安人、曰如斯而已乎、曰脩己以安百姓、脩己以安百姓、堯舜其猶病諸、

子路 姓を仲《ちゅう》、名を由《ゆう》、あざなを子路という。孔子より九歳年下で年長の弟子に属する。腕っぷしが強く、気持ちがまっすぐで、それをすぐにあらわす熱情家。

君子 ひとかどの立派な人物。

堯や舜 伝説の聖天子の堯・舜。

其れ猶《な》お諸《こ》れを病《や》めり。

（憲問第十四— 四十四）

【解説】

子路は君子について質問し、どんどん高度な条件をたずねていった。まずは自分自身の問題。修養に努め、みずからを修めてつつしみ深くすること。次にそうすることによって他者を安らかにする。さらには、そうすることによってすべての人々を安らかにする。このように君子の条件が高いレベルになってゆく。

他者、さらに広く社会、すべての人々のために。広く大きな目標や理念をもち、みずからの使命をまっとうするというものである。

正しい基準にしたがう

―義《ぎ》にこれ与《とも》に比《した》しむ―

先生がいわれた。

「君子、すなわちひとかどの立派な人物は、世のなかにおいて、一方的によい、悪いとはしない。ただひたすら義《ただ》しいものにしたがうまでだ」。

子の曰わく、君子の天下に於《お》けるや、適《てき》も無く、莫《ばく》も無し。義にこれ与《とも》に比《した》しむ。

子曰、君子之於天下也、無適也、無莫也、義之與比、

（里仁第四―一〇）

【解説】

主観を去って、義、客観的な行動基準にしたがう。何事も主観で判断せず、人として踏みはずしてはならない正しい道、「義」という客観的な基準に照らしあわせるということである。

なお、「比しむ」は、「親しむ」として、正義のもののみに親しむとする読みかたもある。友とする相手を選ぶにも、感情、打算によって選ぶことはしない。正しい人物だけに親近感をもつというものである。

君子　ひとかどの立派な人物。

◆「適」「莫」については、善・悪、厚・薄などさまざまな解釈がある。

確固たる志は奪われない

ー匹夫《ひっぷ》も志しを奪うべからざるなりー

先生がいわれた。

「三軍の総大将を奪うことはできるだろう。だが、たったひとりの人間から、その志を奪うことはできないものだ」。

子の曰わく、三軍も帥《すい》を奪うべきなり。匹夫《ひっぷ》も志しを奪うべからざるなり。

子曰、三軍可奪帥也、匹夫不可奪志也、

（子罕第九ー二十六）

【解説】

三軍のような大軍でも、まとまりがなければ、総大将をとらえ指揮権を奪うことができる。しかし、地位も身分もない、弱い一個人でも、強い志があれば、その堅固な意志を曲げさせることはできない。ひとりの人間の志が確固としていれば、外圧に屈することはないということである。

三軍
周の制度では、一軍は一万二千五百人の兵士で構成され、天子は六軍、大国は三軍を出動させる規定であった。

さまざまな外圧をうけ、節を屈したり、流されたりすることは、現代のわれわれにもおこりうることである。そうなるかどうかは、ゆるがない確固たる志があるかどうかにかかっているのである。

人の生きる道はまっすぐ

―人の生くるは直《なお》し―

先生がいわれた。

「人が生きる道はまっすぐなものだ。曲がって生きたとしても、それはまぐれで難を免《まぬが》れているだけのことだ」。

子の曰わく、人の生くるは直《なお》し。これを罔《し》いて生くるは、幸《さいわい》にして免《まぬが》るるなり。

子曰、人之生也直、罔之生也、幸而免、

（雍也第六―十九）

【解説】

正直に、まっすぐに生きる、これが本来の人間の生きかたということであろう。

人としての道をゆく

―何ぞ斯《こ》の道に由《よ》ること莫《な》きや―

先生がいわれた。

「だれだって出てゆくときには戸口を通るものだ。生きてゆくのに、どうして人としての道をゆかないものがあろうか」。

子の曰《のたま》わく、誰か能く出《い》ずるに戸《こ》に由《よ》らざらん。何ぞ斯《こ》の道に由ること莫《な》きや。

子曰、誰能出不由戸者●、何莫由斯道也、

（雍也第六―十七）

斯の道
人としての道、道理。

【解説】

外に出るとき、かならず戸口をとおる。同じく、人が世に出るとき、人としての道を踏んで歩んでゆくということである。道について言及した章はいくつもある。

人が道を広めてゆく

―人能《よ》く道を弘《ひろ》む―

先生がいわれた。

「人こそ道を広めることができるのだ。道が人を広げるのではない」。

子の曰《のたま》わく、人能《よ》く道を弘《ひろ》む。道、人を弘むるに非ず。

子曰、人能弘道、非道弘人也、

（衛霊公第十五―二十九）

道　生きかたなどにおける、節度と調和にあふれた正しいやりかた。

【解説】

まず道ありきではない。あくまで人が主体であり、道は人によって実践される。人としての道は、人が広げてゆく。だれもが、自分の道を模索し、みずから道を広げてゆくのである。

孔子は道について、こうもいっている。

先生がいわれた。

「君子は道を得ようと考えるが、食を得ようと考えない。耕作していても飢饉で飢えることがあるが、学問をしていても、そのなかから俸禄が生じることもある。君子は道を気にかけるが、貧乏を気にかけないものだ」。

子の曰わく、君子は道を謀《はか》りて食を謀らず。耕すも餒《う》え其の中《うち》に在り、学べば禄《ろく》は其の中に在り。君子は道を憂えて貧しきを憂えず。

子曰、君子謀道、不謀食、耕也餒在其中矣、學也祿在其中矣、君子憂道、不憂貧、

（衛霊公第十五―三十二）

【解説】

貧乏に耐えながら学問をしている弟子たちへの励まし、勇気づける発言だといえよう。食とは直接むすびつかないが、道を得ようと学問をつづけていけば、抜擢されて仕官し、俸禄（食の糧）を得ることがある場合について言及している。ただ、説教じみた、きれいごとだけではない、現実的なアドバイスをしている点に注目される。ここに孔子の人間味がにじみ出ているといえよう。

道は一つのもので貫かれている

―吾が道は一《いっ》以てこれ貫《つらぬ》く―

先生がいわれた。
「参《しん》よ。私の道はただ一つのもので貫かれている」。
曾子《そうし》はこたえた。

参
曾子の本名。

「はい、さようでございます」。

先生が出かけられたあとで、ほかの弟子が曾子にこうたずねた。

「どういう意味でしょうか」。

曾子はこたえた。

「先生の道は、忠恕《ちゅうじょ》、つまりまごころと思いやりで貫かれている、ということだよ」。

子の曰《のたま》わく、参《しん》よ、吾が道は一《いつ》以てこれを貫《つらぬ》く。曾子《そうし》の曰《い》わく、唯《い》。子出《い》ず。門人問うて曰《い》わく、何の謂《い》いぞや。曾子の曰《い》わく、夫子《ふうし》の道は忠恕《ちゅうじょ》のみ。

子曰、參乎、吾道一以貫之哉、曾子曰、唯、子出、門人問曰、何謂也、曾子曰、夫子之道、忠恕而已矣、

（里仁第四―十五）

【解説】 道は一つのもので貫かれている。孔子は別の章でも同じことを説いている。

曾子
姓を曾《そう》、名を参《しん》、あざなを子輿《しよ》という。孔子より四十六歳年下、壮孔子門下における年少の弟子。孔子亡きあとの一門をとりまとめた。

忠恕
忠は、内なるまごころにそむかないこと。みずからに誠実であること。恕は、まごころによる他人への思いやり。

先生がいわれた。
「賜《し》よ。おまえは、私のことを、多くのことを学んで、それをおぼえている物知りだと思うかね」。
子貢《しこう》はこたえた。
「そのとおりだと思います。ちがいますか」。
先生はいわれた。
「それはちがうよ。私の道はただ一つのもので貫かれているのだよ」。

子の曰《のたま》わく、賜《し》や、女《なんじ》予《われ》を以て多く学びてこれを識《し》る者と為《な》すか。対《こた》えて曰《い》わく、然《しか》り、非《ひ》なるか。曰《のたま》わく、非なり。予れは一《いつ》以てこれを貫《つらぬ》く。

子曰、賜也、女以予爲多學而識之者與、對曰然、非與、曰、非也、予一以貫之、

（衛霊公第十五—三）

【解説】

みずからの道に一つのものが貫かれていなければならない。人生においても、仕事においてもそうであろう。

賜
子貢の本名。

子貢
姓を端木《たんぼく》、名を賜《し》、あざなを子貢という。孔子より三十一歳年下。48頁参照。

大いなる道に志す

―道に志《こころざ》し―

先生がいわれた。

「大いなる道に志し、徳を根拠にし、仁によりそいながら、教養を楽しむ」。

子の曰わく、道に志《こころざ》し、徳に拠《よ》り、仁に依《よ》り、藝に游《あそ》ぶ。

子曰、志於道、據於徳、依於仁、游於藝、

（述而第七―六）

【解説】

こうありたいという孔子の理想をいったものと考えられる。「大いなる道に志す」―そうありたいものである。

仁
誠実な思いやりや人間愛など。

藝
孔子の時代の貴族の教養は、礼・楽《がく》（音楽）・射《しゃ》（弓射）・御《ぎょ》（馬車を駆ること）・書（書法）・数（算術）の六芸《りくげい》であった。藝は六芸のこと。

実力があれば認められる

―位《くらい》なきことを患《うれ》えず、立つ所以《ゆえん》を患《うれ》う―

先生がいわれた。

「地位がないことを気にかけず、地位を得るだけの実力がないことを気にかけることだ。人が自分のことを認めてくれないことを気にかけず、認められるだけのことをしようと努めることだ」。

子の曰わく、位なきことを患《うれ》えず、立つ所以《ゆえん》を患う。己れを知ること莫《な》きを患えず、知らるべきことを為すを求む。

子曰、不患無位、患所以立、不患莫己知、求爲可知也、

（里仁第四―十四）

【解説】

地位がないことを悩むよりも、地位を得るだけの実力がないことを悩むべきである。まわりから認められないと悩むよりも、認められるだけの実

績をあげる努力が大事だという。現代社会においても、よくあてはまることばである。

ポストが低いとなげくよりも、のぞむ地位につくだけの能力やスキルがあるかどうか考えてみるべきであろう。そして、自分の能力やスキルをまわりが認めてくれないと悩むよりも、認められるだけの実績をあげる努力をするべきであろう。そうすれば、地位はおのずとあがり、まわりの目もかわってくるはずだ。

自分が認められないことについては、次のようなことばがある。

認められないことを気にかけない
―人の己れを知らざることを患《うれ》えず―

先生がいわれた。

「人が自分のことを認めないからといって気にかけるな。自分が他人のことを認めないことを気にかけることだ」。

◆孔子は「他人や社会から認められないことは問題ではない」とくりかえし強調している(衛霊公第十五―十九でも同様のことを説いている)。これは、孔子が官僚として出世しようとあせる弟子たちに口癖のようにさとしていたからだと考えられる。

子の曰《のたま》わく、人の己れを知らざることを患《うれ》えず、人を知らざることを患う。

子曰、不患人之不己知、患己不知人也、

（学而第一―十六）

【解説】

自分の能力や力量を他人に理解されなくても、それを悩むことはない。むしろ、他人の真価を理解していないことを悩むべきだという。

孔子は次のようにも述べている。

先生がいわれた。

「人が自分のことを認めないからといって気にかけるな。自分に能力がないことを気にかけることだ」。

子の曰わく、人の己れを知らざることを患《うれ》えず、己れの能《のう》なきを患《うれ》う。

子曰、不患人之不己知、患己無能也、

（憲問第十四―三十二）

【解説】

他人から認められないといって悩むよりも、自分の能力不足に目を向けるべきなのである。評価されるという受動的な姿勢を、自己を向上させるという自発的な姿勢へと転換することが肝要であろう。

地位にしがみつくな
―苟《いやし》くもこれを失わんことを患《うれ》うれば、至《いた》らざる所なし―

子の曰わく、鄙《ひ》夫《ふ》は与《とも》に君に事《つか》うべけんや。其の未だこれを得ざれば、これを得んことを患《うれ》え、既《すで》にこれを得れば、これを失わんことを患う。苟《いやし》くもこれを失わんことを患うれば、至らざる所なし。

子曰、鄙夫可與事君也與哉、其未得之也、患得之、既得之、患失之、苟患失之、無所不至矣、

（陽貨第十七―十五）

先生がいわれた。

「下劣な小心者とはいっしょに君主につかえることはできないね。まだ地位を手にいれていないうちは、手にいれたいものだとくよくよ気にかける。地位を手にいれてしまうと、地位を失うことを心配する。地位を失うことを心配しだすと、どんなことでもやりかねないよ」。


【解説】

地位のことばかりを気にかける人物に対する痛烈な批判である。いまも、むかしも地位にしがみつこうという人間はいるものである。地位につくこと、地位にいることが目的ではないはずである。

手柄を自慢しない

—敢《あ》えて後《おく》れたるに非《あら》ず、馬進まざるなり—

先生がいわれた。

「孟之反《もうしはん》は、手柄を自慢しない人物だ。戦いに負けて敗走するさい、しんがりをつとめた。おくれて城門に入ろうとしたとき、自分の馬にムチをあてながら、こういった。『あえておくれてしんがりをつとめたわけではないぞ。馬が走らなかっただけなのだ』と」。

子の曰《のたま》わく、孟之反《もうしはん》、伐《ほこ》らず。奔《はし》って殿《でん》たり。将《まさ》に門に入らんとす。其の馬に策《むちう》って曰《い》わく、敢《あ》えて後《おく》れたるに非ず、馬進まざるなり。

子曰、孟之反不伐、奔而殿、將入門、策其馬曰、非敢後也、馬不進也、

（雍也第六―十五）

【解説】

軍が敗走するとき、負けた軍の最後の集団は、迫ってくる敵と戦いながら時間をかせぎ、味方を早く逃がし、かつ自分たちも逃げることになる。この集団がしんがり（殿）である。しんがりをつとめるのは至難のわざである。これをつとめた孟之反の力量・手腕は相当なものであっただろう。しかし、かれはまったく手柄をほこらず、「馬が走らなかっただけ」とさらりといってのける。

孟之反

孔子と同時代の魯《ろ》の名将。前四八四年、魯が隣の大国の斉の侵略をうけ、都の城外で迎え撃ち、激戦となり、魯軍は敗れて城内に逃げこんだ。そのときしんがりをつとめて戦ったのが孟之反である。

功績をあげたからといって、それを自慢することなく、奥ゆかしく謙虚にふるまう。見習いたいものである。

きびしいときこそ真価がわかる
―歳寒《とし》くして、然《しか》る後に松柏《しょうはく》の彫《しぼ》むに後《おく》るることを知る―

先生がいわれた。
「冬の寒さがきびしくなってから、はじめて松《まつ》や柏《ひのき》がしぼまないことがわかるものだ」。

子の曰わく、歳寒《とし》くして、然る後に松柏《しょうはく》の彫《しぼ》むに後《おく》るることを知る。

子曰、歳寒、然後知松栢之後彫也、

（子罕第九―二十九）

【解説】
厳冬になると、常緑樹以外の他の樹木は、すぐに枯れしぼんでしまう。

松や柏　常緑樹。

しかし、常緑樹の松や柏はすぐにしぼむことはない。きびしい季節になって、はじめてその強靭《きょうじん》さがわかる。それと同様、人間もきびしい状況になってはじめて真価がわかるというものである。

人間だれしも、不遇な時期があったり、苦境におちいったりするが、そういったときこそ、その人の真価が発揮される。きびしい状況だからといって、志を曲げたり、逃げたりしない。そのためにも、どのような環境のなかでも耐えられる強さを養っておくべきだろう。

任務は重く道のりは遠い

―任重《にん》くして道遠し―

曾子《そうし》はいった。

「士たるものは、大らかで強い意志がなければならない。その任務は重く、道のりは遠いからだ。仁愛の実践が自分の任務なのだから、なんと重たいじゃないか。死ぬまで歩みつづけるのだから、なんと遠いじゃないか」。

曾子
姓を曾《そう》、名を参《しん》、あざなを子輿《しよ》という。孔子より四十六歳年下。66頁参照。

曾子の曰わく、士は以て弘毅《こうき》ならざるべからず。任《にん》重くして道遠し。仁以て己《おの》れが任と為《な》す、亦た重からずや。死して後《のち》已《や》む、亦た遠からずや。

曾子曰、士不可以不弘毅、任重而道遠、仁以爲己任、不亦重乎、死而後已、不亦遠乎、

（泰伯第八―七）

【解説】

曾子のことばである。士たるものは、弘毅―広い度量と強い意志が必要。なぜなら、仁の実践という重い任務を、死ぬまでがんばりつづけなければならないからだという。

投げ出さず、ねばり強く歩みつづける。時を超えて、いまもなお大切なこと。だれにとっても、どんな場合にもである。

士　ここでは広く教養を身につけた社会的人間。仁の道を志すもの。

弘毅　大らかで強い意志をもつこと。

あせらず小さな利益にとらわれず

ー速《すみや》かならんと欲すること毋《な》かれ。小利を見ること毋かれー

子《し》夏《か》が莒父《きょほ》という地方の長官になり、政治についておたずねした。先生はこういわれた。

「早く成果をあげようとあせってはいけない。目のまえの小さな利益にまどわされてもいけない。早く成果をあげようとすると、目的に到達できなくなるものだ。小さな利益にまどわされると、大きなことは成し遂げられないものだよ」。

子夏、莒父《きょほ》の宰《さい》と為《な》りて、政《せい》を問う。子の曰わく、速《すみや》かならんと欲すること毋《な》かれ。小利を見ること毋かれ。速かならんと欲すれば則ち達せず。小利を見れば則ち大事成らず。

子夏爲莒父宰、問政、子曰、毋欲速、毋見小利、欲速則不達、見小利則大事不成、

子夏 姓を卜《ぼく》、名を商《しょう》、あざなを子夏という。孔子より四十四歳年下の若い弟子。学問にすぐれていた。

莒父 魯の東南の町。

（子路第十三―十七）

【解説】

孔子は、若い弟子の子夏に対して、「あせってはならない。小さな利益にとらわれてはならない」とアドバイスをする。

仕事においても、あせると目的に達せず、小利にとらわれると大事は成し遂げられないものである。あせらず、大きな目的に向かって着実に進んでゆくことである。

大きなことを成すために必要なことについて、次のようなことばがある。

小を忍び大を成す

―小、忍《しの》びざれば、則《すなわ》ち大謀《たいぼう》を乱る―

先生がいわれた。

「巧妙なことばづかいは徳を害する。小さなことががまんできないようであれば、大きな計画は成し遂げられない」。

子の曰わく、巧言《こうげん》は徳を乱《みだ》る。小、忍びざれば、則ち大謀《たいぼう》を乱る。

子曰、巧言亂德、小不忍、則亂大謀、

（衛霊公第十五―二十七）

【解説】

「巧言」（125頁参照）は、徳の邪魔をするもの。小を忍ばなければ、大計画のさまたげになる。つまり、大きなことをするには、小さなことはがまんしなければならないということである。

小さなことが辛抱できないようであれば、大きな仕事は成し遂げられないものである。大きな目標・計画に向かって進んでゆくと、がまんしなければならないことの一つや二つ、出てくるだろう。現代社会においても、「忍」の一字が大事なのはいうまでもない。

止まるも進むも自分次第

―未《いま》だ一簣《き》を成さざるも、止《や》むは吾《わ》が止むなり―

巧言 口先上手。巧妙なことばづかい。

簣 土を入れて運ぶかご。もっこ。

先生がいわれた。

「たとえば山をつくるようなものである。あともっこ一杯分で完成するというのに、そこでやめてしまう。そのやめたのは自分なのだ。また、たとえば土地をならすようなものである。もっこ一杯分しか運んでいないとしても、はじめたことにはかかわりなく、その運んだのは自分なのだ」。

子の曰わく、譬《たと》えば山を為《つく》るが如し。未だ一簣《き》を成さざるも、止《や》むは吾が止むなり。譬えば地を平らかにするが如し。一簣を覆《ふく》すと雖《いえ》ども、進むは吾が往くなり。

子曰、譬如爲山、未成一簣、止吾止也、譬如平地、雖覆一簣、進吾往也、

（子罕第九―十九）

【解説】

ただのもっこ（かご）一杯分が成功するかどうかの分かれ目になる。あと一歩で完成するときに、投げ出してしまうのも自分の責任。思い切って最初の一歩を踏み出すのも自分の責任。つまり、止まるのも進むのも自分自身の責任ということだ。どんな仕事についても同じことがいえるだろう。

仕事をやめてしまうのも、一歩踏み出して進めてゆくのも自分自身である。

自分で自分の限界をきめない

―力足らざる者は中道《ちゅうどう》にして廃《はい》す。今女《なんじ》は画《かぎ》れり―

冉求《ぜんきゅう》がいった。

「先生の道を学ぶことをうれしく思わないわけではありませんが、わたしには力が足りないのです」。

先生はいわれた。

「力不足であれば、途中で挫折《ざせつ》するはずではないか。いま、おまえははじめるまえから自分には無理だと限界をきめているのだ」。

冉求《ぜんきゅう》が曰《い》わく、子《し》の道を説《よろこ》ばざるには非ず、力足《た》らざればなり。子の曰《のたま》わく、力足らざる者は中道にして廃す。今女《なんじ》は画《かぎ》れり。

冉求曰、非不說子之道、力不足也、子曰、力不足者、中道而廢、今女畫、

冉求　姓を冉《ぜん》、名を求《きゅう》、あざなを子有《しゅう》という。孔子より二十九歳年下。政治家としての才能があったとされる。

道　ここでは、教え、説の意。

（雍也第六―十二）

【解説】

自分には力が足りず、ついていけないと弱音を吐いている冉求に対して、孔子はおまえは力不足ではなく、自分で自分の限界をきめているのだと教えさとしたものである。

何事においても、自分には力が足りず、無理だときめつけてしまうと、そこで止まってしまう。物事を成し遂げることはできないし、それ以上さきにも進めない。限界をきめずに努力しつづけてゆけば、そのさきに進んでゆくことができるし、成長してゆくこともできるだろう。

川の流れのようなたゆまぬ努力

―逝《ゆ》く者は斯《か》くの如《ごと》きか。昼夜を舎《や》めず―

先生が川のほとりでいわれた。

「すぎゆくものは、すべてこの川の流れと同じなのだろうか。昼も夜も少しも休むことがない」。

子、川の上《ほとり》に在りて曰《のたま》わく、逝《ゆ》く者は斯《か》くの如きか。昼夜を舎《や》めず。

子在川上曰、逝者如斯夫、不舎晝夜、

（子罕第九―十七）

【解説】

一刻もとどまることない川の流れ。この流れと同じように、人も世も時間とともに推移し、みずからも刻々と年老いてゆく。このようなすぎゆく時間に対する詠嘆とする解釈がある。

一方で、昼夜休まない川の流れのように、人はたゆまず努力し、つねに進歩、向上してゆくべきであるとする解釈もある。この解釈のように、人は川の流れのように努力をつづけ、不断に進歩を遂げてゆくべきなのであろう。

ねばり強く継続すること

―倦《う》むこと無かれ―

子路《しろ》が政治についておたずねした。先生はいわれた。

「人々の先頭に立ってはたらき、人々をいたわることだ」。

子路はもう少し話してくださいとお願いした。

先生はいわれた。

「怠《おこた》ることのないようにしなさい」。

子路、政《せい》を問う。子の曰《のたま》わく、これに先きんじ、これを労す。益《えき》を請《こ》う。曰《のたま》わく、倦《う》むこと無かれ。

子路問政、子曰、先之勞之、請益、曰、無倦、

（子路第十三―一）

【解説】

「倦むこと無かれ」―途中で怠ることなく、ねばり強く継続していくことの大切さを述べたものである。また、別の章でも、怠ることのないようつとめるべきことを説いている。

子路
姓を仲《ちゅう》、名を由《ゆう》、あざなを子路という。孔子より九歳年下で年長の弟子に属する。57頁参照。

子張《しちょう》が政治についておたずねした。先生はいわれた。

「その位にいるあいだ怠《おこた》ることなくつとめ、職務をおこなうときはまごころを尽くすことだ」。

子張、政《せい》を問う。子の曰《のたま》わく、これに居りては倦《う》むこと無く、これを行なうには忠を以てす。

子張問政、子曰、居之無倦、行之以忠、

（顔淵第十二―十四）

【解説】

ここでも継続することが肝要であると述べている。この二つの章は、政治に取り組む姿勢について語ったものであるが、広く仕事などについてもいえることである。なにかに取り組むものにとっての共通の心構えといえよう。

なお、「忠」、誠心誠意、まごころを尽くすようにと述べているが、これもまたどのような仕事についてもいえることである。

子張
姓を顓孫《せんそん》、名を師《し》、あざなを子張という。孔子より四十八歳年下で孔子門下で最年少ともいうべき若い弟子。

◆ほかにも「人を誨《おし》えて倦《う》まず」（述而第七―二）とあり、持続することの重要性をくりかえし説いている。

死ぬまで歩みつづける

―朝《あした》に道を聞きては、夕べに死すとも可《か》なり―

先生がいわれた。

「朝に道を聞くことができれば、その晩に死んでもかまわないよ」。

子の曰わく、朝《あした》に道を聞きては、夕べに死すとも可《か》なり。

子曰、朝聞道、夕死可矣、

（里仁第四―八）

【解説】

「道を聞きて」の「道」ついては、抽象的なものではなく、現実に道徳的な社会が実現することをさすという解釈がある。道徳的な理想社会は自分の一生のうちには到来することがないだろう、そう承知しながらも、孔子は理想社会の到来を願い、そのために尽力しつづけたというものである。

また、「道」を真理とし、朝、真理を知り得ることができたら、夕に死んでもよいという、真理をもとめる積極的な意志を示しているという解釈もある。君子は死にいたるまで飽くことなく道を探求しつづけるというものである。

どちらも「道を聞きて」は、自分がのぞむことの実現といえ、それに向けて死ぬまで歩みつづけることと考えられるであろう。

『論語』に学ぶ ―理念と実践―

「信」の重要性

生きていくうえでも、仕事に取り組むうえでも、「信」―信義、信頼、信用がなにより重要。人も組織も「信」のうえに成り立っている。

目標と理念

遠い先々を見すえ、長期的な視野に立ってビジョンを描く。他者、広く社会のためにという大きな目標や理念をもち、みずからの使命をまっとうする。

確固たる志

外圧をうけても曲げない、ゆるがない確固たる志を立てること。そして、正直に、まっすぐに生き、人としての道を踏み歩んでゆく。

実力の養成

地位を得よう、人から認められようと考えるよりも、自分の実力を養うことに努める。地位にしがみつこうとしないのはもちろん、功績をあげてもそれを誇らない。

真価を発揮

不遇な時期や、苦境におちいったときこそ、その人の真価が発揮される。きびしい状況だからといって、志を曲げたり、逃げたりしない。そのためにも、きびしい環境のなかでも耐えられる強さを養っておく。

着実に前進

小さな利益にとらわれることなく、あせらず、大きな目的に向かって着実に進んでゆく。また、小さなことは忍び、大きなことを成し遂げる。

自分の責任

やめてしまうのも自分、進めてゆくのも自分。何事も自分の責任。自分で自分の限界をきめず、努力しつづけてゆけば、そのさきに進んでゆくことができる。

不断の進歩

何事も、途中で怠ることなく、ねばり強く継続してゆくこと。川の流れのように努力をつづけ、不断に進歩を遂げてゆく。

Column ①

孔子の体格と人柄

孔子は、非常に長身であったとされている。『史記』（孔子世家）には、「孔子、長《たけ》九尺有六寸、人、皆、之《これ》を長人《ちょうじん》と謂《い》ひて之を異とす」と記されている。九尺六寸というのは、いまの七尺三寸ばかり、約２．２メートル。人々はみな孔子を長人といって珍しがったという。孔子は武人の父から、恵まれた体格を受け継いだのであろう。

孔子の人柄については、『論語』に端的に示されている章がある。

「夫子は温良恭倹譲《おんりょうきょうけんじょう》、以てこれを得たり」（学而第一－十）

これは、弟子の子禽《しきん》が子貢《しこう》に「うちの先生はどこの国にゆかれても、その国の政治の相談をうけられる。それは先生のほうからもとめられたのでしょうか。それとも相手から相談をもちかけられたのでしょうか」と問われ、それにこたえたものである。

「うちの先生は、おだやかで、素直で、恭《うやうや》しくて、つつましくて、ひかえめな人柄であられる。だから、そうした成りゆきになれたのだ」と子貢はこたえている。

また、別の章では次のように記されている。

「子は温にして厲《はげ》し。威《い》にして猛ならず。恭〻《うやうや》しくして安し」（述而第七―三十七）

「先生は、おだやかであるけれども、きびしい。威厳があるけれども、たけだけしくはない。礼儀正しいけれども、楽々としてかたくるしくない」としている。発言者は記されていないが、弟子たちが孔子の人となりを述べたものである。

おだやかさときびしさをもち、威厳があって、たけだけしくない。礼儀正しいがかたくるしくない、ゆったりと余裕にあふれる孔子像が目に浮かぶようである。

第二章

倫理と克己

「利に放《よ》りて行なえば、怨《うら》み多し」

「其《そ》の事を敬《けい》して其の食を後《あと》にす」

「過《す》ぎたるは猶《な》お及《およ》ばざるがごとし」

「過《あやま》てば則《すなわ》ち改《あらた》むるに憚《はばか》ること勿《な》かれ」

「義《ぎ》を見て為《せ》ざるは、勇《ゆう》なきなり」

「巧言令色《こうげんれいしょく》、鮮《すく》なし仁《じん》」

「己れを克《せ》めて礼に復《かえ》るを仁と為《な》す」

人として守るべき道

孔子は、法や道徳が崩れてゆく社会において、社会秩序を正しく維持するための要点を礼とした。また、みずから礼を実践するとともに、孔子には自己の言行に対するきびしい反省があった。その孔子の言行をとおして、いまもなおもとめられる普遍的な倫理を見出すことができる。

社会生活における人の守るべき道理。人が行動するさいの規範となるもの。その倫理にのっとって生きるために必要なものとは、いったいどのようなものなのか。

また、個人にかぎらず、『論語』をとおして、組織における倫理についても改めて考えることができる。企業倫理とはいかにあるべきか。それを実践するためにはどうすべきなのか。そのこたえを知ることができるだろう。

利益に走ると怨《うらみ》を買う

―利に放《よ》りて行なえば、怨《うら》み多し―

先生がいわれた。

「利益ばかりもとめて行動していると、怨《うら》まれることが多いものだ」。

子の曰わく、利に放《よ》りて行なえば、怨み多し。

子曰、放於利而行、多怨、

（里仁第四―十二）

【解説】

利益追求に走ると怨みを買うことが多いという。自己の利益だけをもとめ、つねに私利私欲を優先する。すると、自分勝手になり、秩序を乱すことになる。他人からは嫌われ、怨みを買うのは当然である。いまもむかしもかわらない真理といえよう。

利益については次のようなことばもある。

先生がいわれた。

「君子は正義に敏感であり、小人は利益に敏感だ」。

子の曰《のたま》わく、君子は義に喩《さと》り、小人は利に喩る。

子曰、君子喩於義、小人喩於利、

（里仁第四—十六）

【解説】

立派な人物は「義」—人として踏みはずしてはならない正しい道をつねに考える。つまらない人物は「利」—利益、もうけをつねに考える。つまり、利益を重視するのではなく、正しいかどうかを大事にするべきだということである。

孔子は、このように述べているが、利益追求をやみくもに否定しているわけではない。次のような章がある。

利益をやみくもに否定しない

君子 ひとかどの立派な人物。

小人 小人物、つまらない人間。

―富《とみ》と貴《たっと》きとは、是《こ》れ人の欲する所なり―

先生がいわれた。

「財産と高い身分は、だれでもほしがるものだ。しかし、正当な理由で手にいれたのでなければ、そこに居座《いすわ》らない。貧乏と低い身分は、だれでも嫌がるものだ。しかし、正当な理由もないのにそうなったのであれば、それから逃げない。君子は仁の徳をはなれて、どうして名誉をもとめることができよう。君子は食事をとるあいだも仁からはなれることがない。いや、あわただしいときでさえ仁からはなれず、つまずき倒れているときでもそうなのだ」。

子の曰わく、富《とみ》と貴《たっと》きとは、是れ人の欲する所なり。其の道を以てこれを得ざれば、処《お》らざるなり。貧しきと賤《いや》しきとは、是れ人の悪《にく》む所なり。其の道を以てこれを得ざれば、去らざるなり。君子、仁を去りて悪《いず》くにか名を成さん。君子は食を

子曰、富與貴、是人之所欲也、不以其道得之、不處也、貧與賤、是人之所惡也、不以其道得之、不去也、君子去仁、惡乎成名、君子無終食之間違仁、造次必於是、顚沛必於是、

仁　誠実な思いやりや人間愛など。

終うるの間も仁に違《たが》うこと無し。造次《ぞうじ》にも必らず是《ここ》に於《お》いてし、顚沛《てんぱい》にも必らず是に於いてす。

（里仁第四―五）

【解説】

富と貴、つまり財産と地位をもとめることを、孔子はけっして否定してはいない。人間は幸福をもとめるもので、富貴は人ののぞむところである。だが、その手にいれかたを問題としているのだ。正当な方法や理由によって手にいれたのでなければ、そこにいるべきではないとしている。いいかえれば、正当な方法によって手にいれたのであれば、財産も地位も悪くはないということである。

当然、現代にもいえることだ。利益・財産を得るにも、地位・名声を得るにも、正当な方法・手段によらなければならないのである。

不正な富は浮雲のよう

―不義《ふぎ》にして富《と》み且《か》つ貴《とうと》きは、我れに於《お》いて浮雲《ふうん》の如《ごと》し―

先生がいわれた。
「粗末な食事をとって、水を飲み、ひじを曲げて枕にする。そんな貧しい暮らしのなかに、楽しみはあるものだ。不正な手段で得た財産や高い地位は、わたしにとって、空にうかぶ雲のようなものだよ」。

子の曰《のたま》わく、疏食《そし》を飯《くら》い水を飲み、肱《ひじ》を曲《ま》げてこれを枕とす。楽しみ亦た其の中《うち》に在り。不義にして富み且《か》つ貴きは、我れに於《お》いて浮雲《ふうん》の如し。

子曰、飯疏食飲水、曲肱而枕之、樂亦在其中矣、不義而富且貴、於我如浮雲、

（述而第七―十五）

【解説】

粗末な衣食住の生活のなかにも、学問をするものには、不正に取得した富貴とは別に、清く安らかな楽しみがある。経済的な豊かさや、高い地位を否定するわけではない。しかし、それが不正な手段によって得たもので

疏食　菜食をさすという説。また、米以外の粗末な穀物をさすという説がある。どちらも粗末な食事の意。

あれば、それは自分にとって、すぐに消えゆく浮雲のようなはかないものだという。

不正な手段で富貴を手にいれたものに対して、正面から非難をあびせるのではなく、遠くから眺めるように批判をしている。

利益を見て正義を思う

―利を見ては義《ぎ》を思い、危うきを見ては命《いのち》を授《さず》く―

子路が完成された人物についておたずねした。先生はいわれた。

「臧武仲《ぞうぶちゅう》のような智恵、孟公綽《もうこうしゃく》のような無欲さ、卞荘子《べんそうし》のような勇気、冉求《ぜんきゅう》のような才能、これに礼楽の教養をくわえたら、完成された人物といってよかろう」。

先生はまたいわれた。

「ただ、いまの完成された人物というのは、なにもそうとばかりはかぎらないだろう。利益を目のまえにして正義を考え、危機にあって一命をささげ、むかしの約束についてもかつて口にしたことばを忘れない。

子路
姓を仲《ちゅう》、名を由《ゆう》、あざなを子路という。孔子より九歳年下で年長の弟子に属する。腕っぷしが強く、気持ちがまっすぐで、それをすぐにあらわす熱情家。

こんな人なら完成された人物といってよかろう」。

子路、成人を問う。子の曰わく、臧武仲《ぞうぶちゅう》の知《ち》、公綽《こうしゃく》の不欲、卞荘子《べんそうし》の勇、冉求《ぜんきゅう》の藝《げい》の若《ごと》き、これを文《かざ》るに礼楽を以てせば、亦た以て成人と為《な》すべし。曰わく、今の成人は、何ぞ必らずしも然らん。利を見ては義を思い、危うきを見ては命《いのち》を授く、久要《きゅうよう》、平生の言を忘れざる、亦た以て成人と為すべし。

子路問成人、子曰、若臧武仲之知、公綽之不欲、卞荘子之勇、冉求之藝、文之以禮樂、亦可以爲成人矣、曰、今之成人者、何必然、見利思義、見危授命、久要不忘平生之言、亦可以爲成人矣、

（憲問第十四―十三）

【解説】

「利を見ては義を思う」―利益を目のまえにして、その利益は正義にかなったものなのかを考えなければならないということである。

企業は基本的に利益を追求するところだが、あくまで法令やモラルを守ることが大前提である。とくに企業の社会的責任が問われる昨今、利益追

臧武仲　魯の重臣。

孟公綽　魯の三代貴族の一つの孟孫《もうそん》氏の一族で、賢者であったとされる。

卞荘子　魯の三代貴族の一つの孟孫氏の一族の孟荘子とする説がある。

冉求　姓を冉《ぜん》、名を求《きゅう》、あざなを子有《しゆう》という。孔子より二十九歳年下の孔子の弟子。政治家としての才能があったとされる。

礼楽　礼儀と音楽。

求においても、社会に対する正義があるかどうかを考える必要がある。そして、これは個人においてもいえることであろう。

富は正当に手にいれる

―富《とみ》にして求むべくんば、執鞭《しつべん》の士と雖《いえ》ども、吾《わ》れ亦《ま》たこれを為《な》さん―

先生がいわれた。

「富がもし正当な道で手にいれられるのであれば、たとえ鞭《むち》をふるういやしい仕事であっても自分はやるだろう。もし正当な道で手にいれられないのであれば、自分の好みにあわせて生きるだろう」。

子の曰《のたま》わく、富《とみ》にして求むべくんば、執鞭《しつべん》の士と雖ども、吾れ亦たこれを為《な》さん。如《も》し求むべからずんば、吾が好む所に従わん。

子曰、富而可求也、雖執鞭之士、吾亦爲之、如不可求、從吾所好、

執鞭 鞭をもつもの。御者。

（述而第七―十一）

【解説】

この章も富・利益は正しい方法で手にいれることについて述べている。富を正当に手にいれられるのであれば、自分はどんなにいやしい職にもついてはたらくという。里仁第四―五で見たように、孔子は富・利益の追求をやみくもに否定はしていないのである。

なお、この章の最初の句「富にして求むべくんば」は、「富というものが追求してもよいものならば」という意味とする解釈もある。孔子は、富をもとめることを否定はしないが、それ自体を目的化するものではないと見なしていたとも考えられる。つまり、金もうけを目的としてはならないということである。

身の丈《たけ》にあった蓄財

―善《よ》く室《しつ》を居《お》く―

先生は衛《えい》の公子《こうし》の荊《けい》のことを評していわれた。

「財産をたくわえることが上手だ。はじめて財産ができたときは、『まあ、なんとか間にあいます』といい、すこし財産がたまってきたら、『まあ、なんとかととのってきました』といい、たっぷり財産ができると、『まあ、なんとか立派になりました』といった」。

子、衛の公子荊《けい》を謂《のたま》わく、善《よ》く室を居《お》く。始め有るに曰《い》わく、苟《いささ》か合う。少しく有るに曰《い》わく、苟《いささ》か完《まった》し。富《さかん》に有るに曰《い》わく、苟《いささ》か美《よ》し。

子謂衛公子荊、善居室、始有曰苟合矣、少有曰苟完矣、富有曰苟美矣、

（子路第十三―八）

【解説】

衛の公子の荊　衛の王族、詳細は不明。

公子荊は、財産に執着せず、ひかえめで、かつ着実な蓄財をおこなった。身の丈にあった、正当なやりかたでの蓄財を、孔子はやはり否定しない。否定どころか素直にほめたたえているのだ。蓄財の心構えとして古今に通じる教訓といえよう。

富《と》んでおごることなし

―富みて驕《おご》ること無きは易《やす》し―

先生がいわれた。

「貧しくても怨《うら》み言をいわないのは難しい。だが、金持ちになっておごらないのはたやすいことだ」。

子の曰わく、貧しくして怨むこと無きは難《かた》く、富みて驕《おご》ること無きは易《やす》し。

子曰、貧而無怨難、富而無驕易、

（憲問第十四―十一）

【解説】

金持ちになって、おごり高ぶらないことは、簡単なこと。孔子はそう述べるが、現実にはそうではないケースが多いものである。

仕事が先、報酬はあと

―其《そ》の事を敬《けい》して其の食を後《あと》にす―

先生がいわれた。

「主君に仕《つか》えるときは、自分の仕事を大切につつしんでおこなうこと。報酬のことはあとまわしにすることだ」。

子の曰わく、君に事《つか》えては、其の事を敬《けい》して其の食を後《あと》にす。

子曰、事君敬其事而後其食、

（衛霊公第十五―三十八）

【解説】

仕事と報酬について語ったものである。自分の仕事・職務をしっかりおこなうことが先。報酬はそのあとの問題。報酬は、あくまで仕事に対する対価なのである。

報酬は自然と得られるもの

―禄《ろく》は其《そ》の中《うち》に在《あ》り―

子張《しちょう》が俸禄《ほうろく》を得る方法をたずねた。

先生はいわれた。

「できるだけたくさんのことを聞いて、疑わしいものをはぶく。残った確かなことを慎重に口にしていけば、過《あやま》ちが少なくなる。できるだけたくさんを見て、あやふやなものをはぶく。残った確実なところを慎重に行動していけば、後悔が少なくなる。ことばに過ちが少なく、行動に後悔が少なければ、俸禄は自然とそこに得られるものだよ」。

子張
姓を顓孫《せんそん》、名を師《し》、あざなを子張という。孔子より四十八歳年下で孔子門下で最年少ともいうべき若い弟子。

子張《しちょう》、禄《ろく》を干《もと》めんことを学ぶ。子の曰《のたま》わく、多く聞きて疑わしきを闕《か》き、慎しみて其の余りを言えば、則ち尤寡《とがめすく》なし。多く見て殆《あや》うきを闕き、慎しみて其の余りを行なえば、則ち悔《くい》寡なし。言《げん》に尤《とがめ》寡なく行《こう》に悔《くい》寡なければ、禄《ろく》は其の中《うち》に在り。

子張學干祿、子曰、多聞闕疑、愼言其餘、則寡尤、多見闕殆、愼行其餘、則寡悔、言寡尤行寡悔、祿在其中矣、

（為政第二―十八）

【解説】

この章も報酬に関するものである。若い弟子の子張が、就職をして報酬を得る方法をたずね、それに対するアドバイスである。

できるだけ見聞をひろめ、そして言行を慎重にしていくこと。そうすれば、自然と就職の道はひらけ、報酬も手にいれることができるようになるということである。やはり、報酬はあとからついてくるものなのである。

争《あらそ》うとしても正しく

―君子は争《あらそ》う所《ところ》なし―

先生がいわれた。

「君子は何事においても人と争わない。争うとすれば、弓の試合であろう。その場合でも、おたがい会釈をして先を譲《ゆず》りあいながら、堂の階段を上り下りする。試合のあとは、勝者が敗者に酒を飲ませる。その争いかたも、君子らしいではないか」。

子の曰《のたま》わく、君子は争う所なし。必らずや射《しゃ》か。揖譲《ゆうじょう》して升《のぼ》り下《くだ》り、而して飲ましむ。其の争いは君子なり。

子曰、君子無所爭、必也射乎、揖讓而升下、而飲、其爭也君子、

（八佾第三―七）

【解説】

何事につけても人と争わない君子・立派な人物も、弓の試合では相手と競《きそ》いあう。競いあうにしても、ルールにのっとり、礼儀正しくマナーを守っておこなうのである。

◆弓の試合のさい、最初に中庭から堂の階段を上って主催者にあいさつし、次に階段を下りてまた中庭にもどり、弓を射る。階段を上り下りするさい、両者は両手をまえに組み合わせて会釈する。

次も弓の試合について述べたものである。

勝負の結果だけを重視しない
―射《しゃ》は皮《かわ》を主《しゅ》とせず―

先生がいわれた。

「弓の試合では、皮の的《まと》に命中させることを第一としない。射《い》る人の力の等級が異なるからだ。これこそ、古《いにしえ》のよきやりかたなのだ」。

子の曰《のたま》わく、射《しゃ》は皮《かわ》を主とせず。力の科を同じくせざるが為めなり。古《いにし》えの道なり。

子曰、射不主皮、爲力不同科、古之道也、

（八佾第三―十六）

【解説】

弓の試合では、いくつ的中させるかが大事なのではない。なぜなら、競

◆この章は「力の科を同じくせざるが為めなり」を力仕事も体力の等級に応じてちがった仕事を割りあてる、と読む（二句を切り離して読む）注釈もある。

技者の実力にレベルの差があるからだ。ただ命中させるのではなく、射るときの態度や、いかに真摯《しんし》に取り組んだかが重要なのだ。つまり、勝負の結果だけを重視しないということである。

弓の試合について述べた二つの章は、争う、競争することについての重要な教訓といえよう。競争が激化する現代社会、無用な争いはさけたい。また、競争するにしても、ルール・マナーをしっかり守る。

そして、勝負の結果だけを重視しすぎてはならない。何事もゆきすぎると、弊害が生じるものである。だからといって、不足しているのがよいわけでもない。このことについては、次のような章がある。

過剰も不足も好ましくない

ー過《す》ぎたるは猶《な》お及《およ》ばざるがごとしー

子貢《しこう》がおたずねした。

「子張《しちょう》と子夏《しか》はどちらがすぐれているでしょうか」。

先生はいわれた。

子貢

姓を端木《たんぼく》、名を賜《し》、あざなを子貢という。孔子より三十一歳年下で、弁論にすぐれた孔子門下の秀才。また商才にもたけた多芸の士でもあった。

「子張はゆきすぎているし、子夏はゆきたりないな」。
子貢が念をおした。
「それでは子張のほうがすぐれているということですね」。
先生はこたえられた。
「ゆきすぎているのも、ゆきたりないのも同じことだな」。

子貢問う、師と商とは孰《いず》れか賢《まさ》れる。子の曰《のたま》わく、師や過ぎたり、商や及ばず。曰《い》わく、然らば則ち師は愈《まさ》れるか。子の曰《のたま》わく、過ぎたるは猶《な》お及ばざるがごとし。

子貢問、師與商也孰賢乎、子曰、師也過、商也不及、曰、然則師愈與、子曰、過猶不及也、

（先進第十一—十六）

【解説】

子貢が孔子に、同門の子張と子夏の優劣をたずねたものである。子張はゆきすぎ、子夏はゆきたりなくて、同じようなものだとしている。すぎても、たりなくても、どちらも好ましくないのである。過剰も不足も好まし

子張
姓を顓孫《せんそん》、名を師《し》、あざなを子張という。孔子より四十八歳年下で孔子門下で最年少ともいうべき若い弟子。

子夏
姓を卜《ぼく》、名を商《しょう》、あざなを子夏という。孔子より四十四歳年下の若い弟子。学問にすぐれていた。

師と商
師は子張の名、商は子夏の名。

くなく、中庸《ちゅうよう》こそがのぞましいということである。
中庸については次のような章がある。

中庸《ちゅうよう》は最上の徳

―中庸《ちゅうよう》の徳たるや、其《そ》れ至《いた》れるかな―

先生がいわれた。
「中庸の徳としての価値は、最上のものだな。だが、人々にその徳が乏しくなってから、なんと長い時間がたってしまったことだろう」。

子の曰わく、中庸《ちゅうよう》の徳たるや、其れ至れるかな。民鮮《すく》なきこと久し。

子曰、中庸之爲德也、其至矣乎、民鮮久矣、

（雍也第六―二十九）

【解説】

「中庸」―過不足のない、ほどよい中ほどの状態、偏《かたよ》りのないバランス

中庸
「中」は過不足がないこと。「庸」は偏らないこと、平常。

のとれた状態のことである。
組織においても、個人においても、中庸こそのぞましい状態なのだろう。何事にも偏らず、過不足なく、中立中正であること。また、社会や他者とのバランスをとること。中庸は、いまにも通じる処世の最上の徳といえよう。

過《あやま》ちはすぐに改めよ

―過《あやま》てば則《すなわ》ち改《あらた》むるに憚《はばか》ること勿《な》かれ―

先生がいわれた。
「君子は、重々しくなければ、人としての威厳《いげん》がない。学問をすれば、頑固《がんこ》でなくなる。まごころと誠実さを第一として、自分におよばない人物を友人にするな。自分に過ちがあれば、ためらわずにすぐに改めよ」。

子の曰《のたま》わく、君子《くんし》、重からざれば則ち威《い》あらず。学べば則ち固《こ》ならず。忠信を主

子曰、君子不重則不威、學則不固、主忠信、無友不如己者、

君子
ひとかどの立派な人物。

忠信
「忠」は誠心誠意、まごころを尽くすこと。「信」は誠実に信義を守ること。

とし、己《おの》れに如《し》かざる者を友とすることと無かれ。過《あやま》てば則ち改むるに憚《はばか》ること勿《な》かれ。

過則勿憚改、

（学而第一―八）

【解説】

君子に必要な条件について述べたものである。孔子は人間は過ちをおかすものだととらえ、過ちをおかしたことに気づいたら、すぐに改めよと説く。

孔子自身も、自分にあやまりがあれば、あっさり非を認める人物であった。それを示す次のような章がある。

先生が子游《しゆう》が長官をしている武城《ぶじょう》の町に行かれたとき、弦楽を伴奏にして歌う声が聞こえてきた（子游は礼楽教育を実施していた）。

先生はにっこり笑ってこういわれた。

「鶏を料理するのに、どうして大きな牛切り包丁をつかうのかね」。

すると子游はおこたえした。

◆「忠信を主とし～」は、子罕第九―二十五にも同じことばがある。

武城
魯の国に属する小さな町。子游がこの町の宰（地方長官）になっていた。

「わたくし偃《えん》は、以前に先生からうかがったことがあります。『君子が道を学ぶと人を愛するようになり、小人が道を学ぶとつかいやすくなる』と（この趣旨にもとづいて、わたしはこの町で礼楽を実施しているのです）」。

先生はいわれた。

「諸君、偃のいうとおりだ。さっきいったのは冗談だよ」。

子、武城に之《ゆ》きて絃歌《げんか》の声を聞く。夫子《ふうし》莞爾《かんじ》として笑いて曰《のたま》わく、鶏《にわとり》を割《さ》くに焉《いずく》んぞ牛刀を用いん。子游対《こた》えて曰《い》わく、昔者《むかし》偃《えん》や諸《こ》れを夫子に聞けり、曰《のたま》わく、君子道を学べば則ち人を愛し、小人《しょうじん》道を学べば則ち使い易《やす》しと。子の曰《のたま》わく、二三子《にさんし》よ、偃の言是《げんぜ》なり。前言はこれに戯《たわむ》れしのみ。

子之武城、聞絃歌之聲、夫子莞爾而笑曰、割雞焉用牛刀、子游對曰、昔者偃也、聞諸夫子、曰、君子學道則愛人、小人學道則易使也、子曰、二三子、偃之言是也、前言戲之耳、

（陽貨第十七―四）

子游

姓を言《げん》、名を偃《えん》、あざなを子游という。孔子より四十五歳年下で、学問にすぐれた高弟。

偃

子游の名。

鶏を割くに焉んぞ牛刀を用いん

礼楽は国政用で、孔子はこんな小さな町を治めるのに礼楽を用いるのは少し大げさすぎるのではないかとした発言。

【解説】

このように孔子は、お供の弟子たちに向かって、自分はまちがっていたと、あっさり失言を認めたのである。

孔子は、「過てば則ち改むるに憚ること勿かれ」という自分のモットーを忠実に実践しているが、過ちについては弟子たちにくりかえし説いている。

過ちがないように細心の注意を払わなければならないが、過ちは人間である以上はどうしてもまぬがれられない。孔子は弟子たちの過ちを深くとがめることはせず、同じ過ちをふたたびしないことを説いたのである。

本当の過《あやま》ちとは

―過《あやま》ちて改《あらた》めざる、是《こ》れを過ちと謂《い》う―

先生がいわれた。

「過ちをおかしても改めない。これこそが真の過ちである」

子の曰わく、過《あやま》ちて改めざる、是れを過ちと謂う。

子曰、過而不改、是謂過矣、

（衛霊公第十五―三〇）

【解説】

おかした過ちを改めないのが、本当の過ちなのだという。「過てば則ち改むるに憚ること勿かれ」と同様の趣旨のことばである。たんなる過ちは問題ではない。重要なのは、その過失にどう対処するかということなのだ。これに関連して次のようなことばがある。

子夏がいった。「小人が過ちをおかすと、必ず言い訳してごまかそうとする」。

子夏が曰わく、小人《しょうじん》の過《あやま》つや、必らず文《かざ》る。

子夏曰、小人之過也必文、

（子張第一九―八）

子夏
姓を卜《ぼく》、名を商《しょう》、あざなを子夏という。112頁参照。

小人
小人物、つまらない人間。

【解説】

これは弟子の子夏のことばであるが、君子、立派な人物は過ちを認め、そして改める。それに対して、つまらない小人物は過ちを認めず、ごまかし隠そうとするということである。

人はどんなに注意していても、つい過ち、失敗をしてしまうものである。そんなときに、その失敗から目をそむけずに、失敗を認める。そして適切に対処しなければならない。さらに失敗の原因を分析し、同じ過ちをくりかえさないことが重要である。

これは組織においても同様であろう。失敗を隠したり、ごまかしたりするがゆえに、組織に隠蔽《いんぺい》体質が生まれるのである。

実際に改めること

―これを改《あらた》むるを貴《とうと》しと為《な》す―

先生がいわれた。

「厳《おごそ》かな教訓は、だれもがしたがわずにはいられない。だが、そのことばによって、自分のおこないを改めることが大切だ。穏《おだ》やかでやわらかなことばは、だれもがうれしがらずにはいられない。だが、その意味をよく考えることが大切だ。うれしがるだけで、意味をよく考えず、したがわなければと思うだけで、実際は自分のおこないを改めない。これではわたしもどうにもできないものだよ」。

子の曰《のたま》わく、法語の言は、能《よ》く従うこと無からんや。これを改むるを貴しと為《な》す。巽与《そんよ》の言は、能く説《よろこ》ぶこと無からんや。これを繹《たず》ぬるを貴しと為す。説びて繹ねず、従いて改めずんば、吾れこれを如何《いかん》ともする末《な》きのみ。

子曰、法語之言、能無従乎、改之爲貴、巽與之言、能無說乎、繹之爲貴、說而不繹、從而不改、吾末如之何也已矣、

（子罕第九―二十四）

【解説】

教訓を聞いて、そのことばにしたがわなければならないと思う。しかし、

法語の言
厳かな教訓のことば。

巽与の言
穏やかで、ものやわらかなことば。

そう思うだけで、わが身をふりかえり、みずからのおこないを改めようとしない。そうしたものに対して、孔子はどうにも処置のしようがないという。

思っているだけは意味がない。実際に改めることが大事なのである。

真の知るということ

―これを知るをこれを知ると為《な》し、知らざるを知らずと為せ―

先生がいわれた。

「由《ゆう》よ。おまえに知るとはどういうことか教えようか。知っていることは知っている、知らないことは知らないとする。それが知るということなのだよ」。

子の曰わく、由《ゆう》よ、女《なんじ》にこれを知ることを誨《おし》えんか。これを知るをこれを知ると

子曰、由、誨女知之乎、知之爲知之、不知爲不知、是知也、

由

子路の名。姓を仲《ちゅう》、名を由《ゆう》、あざなを子路という。100頁参照。

為《な》し、知らざるを知らずと為せ。是れ知るなり。

（為政第二―十七）

【解説】

暴走する傾向にある子路は、元気にかられて知らないことを知っていると主張するおそれがある。だから、孔子は子路に対して、知っていることと、知らないことを区別することが大切なのだと説き聞かせている。

子路にかぎらず、知っていることと、知らないことを混同してはならない。自分が理解していることと、まだ理解していないことを区別、整理することは、何事においても大切なことであろう。

おこなう勇気をもつ

―義《ぎ》を見て為《せ》ざるは、勇《ゆう》なきなり―

先生がいわれた。

「自分の祖先の霊でもないのに祭るのは、へつらいである。人としておこなうべきことをまえにしながらおこなわないのは、勇気がない人間だ」。

子の曰わく、其の鬼《き》に非ずしてこれを祭るは、諂《へつら》いなり。義を見て為《せ》ざるは、勇なきなり。

子曰、非其鬼而祭之、諂也、見義不爲、無勇也、

（為政第二―二十四）

【解説】

人としてなすべきこと―正義をまえにしても実行しない。それは勇気がないのだという。

正しいこと、おこなうべきことに直面しても、見て見ないふりをする、知らん顔をする。そうした卑怯《ひきょう》、卑劣《ひれつ》な態度・行動に対して「勇気がない」としているのだ。

みずから正しいことを実行することは、簡単なことではない。しかし、不正、不祥事をまえにして、目をそらしてはならない。それを正す勇気を

◆孔子の時代、祖先の霊を祭ることが重視された。死んだ祖先の霊魂は神となり、その血族の子孫の祭祀《さいし》をうけることで他界で生きつづけると考えられた。本来、祭るべき霊でもないのに祭ることを批判している。

もたなければならないのである。

また、義と勇については次のようなことばがある。

正義なき勇気は危《あや》うい
―勇《ゆう》ありて義《ぎ》なければ乱《らん》を為《な》す―

子路《しろ》がおたずねした。

「君子は勇気を尊重しますか」。

先生はいわれた。

「君子は正義を第一にする。君子に勇気だけあって、正義がなければ、混乱をおこす。小人に勇気だけあって、正義がなければ、盗みをはたらくことになるな」。


子路が曰《い》わく、君子、勇を尚《とうと》ぶか。子の曰《のたま》わく、君子、義以て上《かみ》と為《な》す。君子、勇ありて義なければ乱を為す。小人《しょうじん》、勇

子路曰、君子尚勇乎、子曰、君子義以爲上、君子有勇而無義爲亂、小人有勇而無義爲盗、

子路　姓を仲《ちゅう》、名を由《ゆう》、あざなを子路という。100頁参照。

◆ここでの君子は治者つまり貴族をさし、小人は被治者つまり庶民をさす。

ありて義なければ盗を為す。

（陽貨第十七―二十三）

【解説】

勇敢な子路からの質問に対して、孔子は勇気だけでは困った事態をまねくことになるとたしなめている。

正義を実行する勇気は必要である。ただし、あくまで正義が第一にあるのだ。正義がない勇気は、かえって危険なものなのである。

見かけだけの人間は仁が少ない

―巧言令色《こうげんれいしょく》、鮮《すく》なし仁《じん》―

先生がいわれた。

「巧《たく》みなことばづかいで、人あたりのよい表情の人間は、仁が少ないものだ」。

仁　誠実な思いやりや人間愛など。

子の曰《のたま》わく、巧言令色《こうげんれいしょく》、鮮《すく》なし仁。

子曰、巧言令色、鮮矣仁、

（学而第一―三）

【解説】

「巧言令色、鮮なし仁」。名言の一つであるが、このことばはこのまま今日でも真理として通用するだろう。

巧言令色については、次のようなことばもある。

子の曰わく、巧言《こうげん》、令色《れいしょく》、足恭《すうきょう》なるは、左丘明《さきゅうめい》これを恥ず、丘も亦《ま》たこれを恥ず。

子曰、巧言令色足恭、左丘明恥之、丘亦恥之、匿怨而友其

先生はいわれた。

「巧みなことばづかい、人あたりのよい表情、あまりのうやうやしさを、左丘明《さきゅうめい》は恥ずべきことだとした。わたし丘《きゅう》もこれを恥ずべきことだと考える。怨《うら》みをかくしながら、その人と友だちづきあいすることを、左丘明は恥ずべきことだとした。わたしもこれを恥ずべきことだと考える」。

◆陽貨第十七―十七にこれとまったく同じことばがある。

左丘明 諸説あって不詳。孔子が敬意をはらった人物。

丘 孔子の名。

怨みを匿《かく》して其の人を友とするは、左丘明これを恥ず、丘も亦たこれを恥ず。

人、左丘明恥之、丘亦恥之、

（公冶長第五—二十五）

【解説】

表面をとりつくろう、見かけだけの人間。内面と外面とが一致していない人物を、孔子は痛烈に批判している。

「巧言令色」は仁が少ないとしているが、どのような人物が仁の徳をそなえているのだろうか。次のようなことばがある。

口下手《くちべた》な人間は仁に近い

—剛毅木訥《ごうきぼくとつ》、仁に近し—

先生はいわれた。

「無欲で勇敢、飾《かざ》り気なく口下手な人は、仁に近いものだ」。

仁　誠実な思いやりや人間愛など。

子の曰わく、剛毅木訥《ごうきぼくとつ》、仁に近し。

子曰、剛毅木訥近仁、

（子路第十三—二十七）

【解説】

孔子は、うわべだけの人間を批判する一方、飾り気なく口下手でも、中身が充実している人間を評価している。

弁舌さわやかよりも、口下手で寡黙《かもく》がよい。愛想よく人あたりがよいよりも、うわべをとりつくろわない、質朴《しつぼく》がよい。表面ではなく中身が重要なのである。現代でも、よくあてはまることではないだろうか。

なお、口下手ということでは、このようなことばもある。

子の曰わく、辞《じ》は達するのみ。

子曰、辭達而已矣、

（衛霊公第十五—四十一）

先生がいわれた。

「ことばは意味が通じれば、それでよいのだ」。

【解説】

まさにそのとおりであろう。口下手であっても、意味をつたえることができれば、それでよい。中身のともなわない、過度に飾り立てた表現を戒《いまし》めているのである。

自省と自責の念を失わない

―吾《わ》れ未《いま》だ能《よ》く其《そ》の過《あやま》ちを見て内に自ら訟《せ》むる者を見ざるなり―

先生がいわれた。

「もうおしまいだなあ。自分の過ちに気がついて、自分のなかで自分を責めることができる人間を、わたしは見たことがないのだ」。

子の曰《のたま》わく、已《や》んぬるかな。吾れ未だ能く其の過《あやま》ちを見て内に自ら訟《せ》むる者を見

子曰、已矣乎、吾未見能見其過、而内自訟者也、ざるなり。

（公冶長第五―二十七）

【解説】

みずからを省《かえり》みて過ちに気づき、その過ちをみずから責め、とがめる。そうした人がいない世のなかを孔子は嘆《なげ》いている。およそ二千五百年後のいまの世はどうであろうか。

自省と自責の念を失わない、心がけたいことである。

みずからを省《かえり》みる

―不賢《ふけん》を見ては内《うち》に自《みずか》ら省《かえり》みる―

先生が言われた。

「すぐれた人にあうと同じようになりたいと思い、つまらない人にあうと自分はそうあってはならないと反省するのだ」。

子の曰わく、賢《けん》を見ては斉《ひと》しからんことを思い、不賢《ふけん》を見ては内に自ら省《かえり》みる。

子曰、見賢思齊焉、見不賢而内自省也、

（里仁第四―十七）

【解説】

すばらしい人物に出あうと、自分もこんな人物になりたいと考え、目標とする。反対に、つまらない人物に出あうと、自分はこうならないようにと考え、自分自身を反省するのだという。みずからを向上させる術といえよう。

毎日の自己反省

―吾《わ》れ日に三《み》たび吾が身《み》を省《かえりみ》る―

曾子《そうし》がいった。

「私は毎日三つのことを自己反省する。他人の相談にのりながら、まごころを込めなかったのではないだろうか。友人とのつきあいで、誠実

曾子
姓を曾《そう》、名を参《しん》、あざなを子輿《しよ》という。孔子より四十六歳年下、孔子門下における年少の弟子。孔子亡きあとの一門をとりまとめた。

ではなかったのではないだろうか。十分に理解していないことを人に教えたのではないだろうか、と」。

曾子《そうし》の曰《い》わく、吾《わ》れ日に三《み》たび吾が身《み》を省《かえりみ》る。人の為めに謀《はか》りて忠《ちゅう》ならざるか、朋友と交わりて信ならざるか、習わざるを伝うるか。

曾子曰、吾日三省吾身、爲人謀而不忠乎、與朋友交言而不信乎、傳不習乎、

（学而第一—四）

【解説】

曾子のことばであるが、これもみずからを省みることをいったものである。三つの場面において、自己をふりかえり、誠実であっただろうかと反省する。

みずからをふりかえり、反省すること。むかしもいまも大切なことである。

◆「習わざるを伝うるか」は「伝えて習わざらるか（先生に習ったことを十分に復習しなかったのではないか）とする読みかたもある。

つねに礼節をわきまえる
―恭《きょう》にして礼なければ則《すなわ》ち労《ろう》す―

先生がいわれた。

「うやうやしくしていても、礼によらなければ、骨が折れる。慎重にしていても、礼によらなければ、びくつく。勇ましくしていても、礼によらなければ、乱暴になる。正直であっても、礼によらなければ、窮屈《きゅうくつ》になる。君子が近親に親切であれば、人民も思いやりの気持ちを高める。君子がむかしなじみを忘れなければ、人民もまた薄情《はくじょう》でなくなるものだ」。

子の曰わく、恭にして礼なければ則ち労す。慎にして礼なければ則ち葸《し》す。勇にして礼なければ則ち乱る。直にして礼なければ則ち絞《こう》す。君子、親《しん》に篤《あつ》ければ、則ち民仁に興《お》こる。故旧遺《こきゅうわす》れざれば、則ち民偸《うす》からず。

子曰、恭而無禮則勞、愼而無禮則葸、勇而無禮則亂、直而無禮則絞、君子篤於親、則民興於仁、故舊不遺、則民不偸、

君子　ここでは、上位者の意。

◆「君子、親に篤ければ」以下は分けて、別の章とする考えかたもある。

（泰伯第八―二）

【解説】

謙虚、慎重、勇気、正直、すべて必要なことではあるが、そこに「礼」がなければマイナスにはたらくということである。何事にも前提に礼儀、節度がなければならない。つねに礼節をわきまえなければならないのである。

節度ということでは次のような章がある。

子、釣《つり》して綱《こう》せず。弋《よく》して宿《しゅく》を射《い》ず。

子釣而不綱、弋不射宿、

（述而第七―二十六）

先生は、一本釣りはされたが、はえなわはつかわれなかった。射ぐるみで飛ぶ鳥をとられたが、ねぐらにいる鳥はとられなかった。

【解説】

孔子は、趣味で魚釣りや猟をたしなんだ。しかし、度をこえた殺生《せっしょう》はし

はえなわ　川を横断して縄をはり、何本もの釣り糸をたらして、一度に多くの魚をとる漁具。

射ぐるみ　糸をつけた矢で鳥を射ること。

なかった。何事にも適度をこえず、きめこまやかな節度を保ったのである。節度を保つ。過激になりがちな現代社会において、きわめて大事なことではないだろうか。

あたりまえのことをあたりまえに

―酒の困《みだ》れを為《な》さず―

先生はいわれた。

「外に出れば高い身分の人によく仕《つか》え、家に帰れば父や兄によく仕える。葬式では懸命につとめ、酒を飲んでもみだれない。こんなことは、わたしにとってなんでもない」。

子の曰《のたま》わく、出でては則ち公卿《こうけい》に事《つか》え、入りては則ち父兄に事う。喪《も》の事は敢《あ》えて勉めずんばあらず。酒の困《みだ》れを為《な》さず。何か我れに有らんや。

子曰、出則事公卿、入則事父兄、喪事不敢不勉、不爲酒困、何有於我哉、

（子罕第九―十六）

【解説】

日常生活の公私において、ルールとマナーを守る。酒を飲んでもみだれず、羽目をはずさない。大人としての、社会人としての、良識あるふるまいをする。

これはあたりまえといえば、あたりまえのことである。しかし、このあたりまえのことが難しい。あたりまえのことをあたりまえにおこなうのは、あたりまえのことではないのだろう。

守るべき三つの戒《いまし》め

―君子に三戒《さんかい》あり―

先生がいわれた。

「君子には、三つの戒《いまし》めがある。若いときは、血気がまだ安定していない。だから戒めるべきは色欲である。壮年になると、血気がちょうど盛んになる。だから戒めるべきは争いである。老年になると、血気はもうおとろえる。だから戒めるべきは貪欲《どんよく》である」。

孔子の曰わく、君子に三戒《さんかい》あり。少《わか》き時は血気未だ定まらず、これを戒むること色に在り。其の壮なるに及んでは血気方《まさ》に剛《ごう》なり、これを戒むること闘《とう》に在り。其の老いたるに及んでは血気既に衰う、これを戒むること得《とく》に在り。

孔子曰、君子有三戒、少之時、血氣未定、戒之在色、及其壯也、血氣方剛、戒之在鬭、及其老也、血氣既衰、戒之在得、

（季氏第十六―七）

【解説】

それぞれの世代における戒め、注意するべき三つの点をあげている。各世代にあわせた鋭い指摘である。人間、どのような年代においても、みずからを律することがもとめられるのである。

自分にうち克《か》ち礼にたちかえる

―己れを克《せ》めて礼に復《かえ》るを仁と為《な》す―

顔淵《がんえん》が仁についておたずねした。先生はいわれた。

「自分にうち克《か》って、礼の規則にたちかえることこそ、仁の徳だ。一日でも自分にうち克って、礼の規則にたちかえることができたなら、世のなかの人々はその仁徳になびきあつまるだろう。仁徳の実践は、自分自身によるものだ。他人にたよるものではないのだ」。

顔淵はさらにおたずねした。

「どうか、その仁徳の実践項目をお聞かせください」。

先生はいわれた。

「礼の規則にはずれたものに目を向けてはならない。礼の規則にはずれたものに耳を傾けてはならない。礼の規則にはずれたことをいってはならない。礼の規則にはずれたことをおこなってはならない」。

顔淵は申し上げた。

「わたくし回《かい》はおろかでございますが、このおことばを実行させてい

顔淵　顔回《がんかい》。姓を顔、名を回、あざなを子淵《しえん》という。孔子より三十歳年少であり、孔子の最愛の弟子。

仁　誠実な思いやりや人間愛など。

礼　社会生活における諸々の儀式の定め。節度ある人間関係の具体的表現としての型の方式。

ただきたいと存じます」。

顔淵《がんえん》、仁を問う。子の曰《のたま》わく、己れを克《せ》めて礼に復《かえ》るを仁と為《な》す。一日己れを克《せ》めて礼に復れば、天下仁に帰《き》す。仁を為すこと己れに由《よ》る。而《しか》して人に由らんや。顔淵の曰《い》わく、請《こ》う、其の目《もく》を問わん。子の曰《のたま》わく、礼に非ざれば視ること勿《な》かれ、礼に非ざれば聴くこと勿かれ、礼に非ざれば言うこと勿かれ、礼に非ざれば動くこと勿かれ。顔淵の曰《い》わく、回《かい》、不敏《ふびん》なりと雖ども、請う、斯《こ》の語を事《こと》とせん。

顔淵問仁、子曰、克己復禮爲仁、一日克己復禮、天下歸仁焉、爲仁由己、而由人乎哉、顔淵曰、請問其目、子曰、非禮勿視、非禮勿聽、非禮勿言、非禮勿動、顔淵曰、回雖不敏、請事斯語矣、

（顔淵第十二—一）

【解説】

「克己復礼《こっきふくれい》」という成語のもとになった章である。

◆「克己」には、いろいろな訳がある。自分の身をとりしまり、身を修めること。己を責める。自分の欲望にうち克つなどがある。

克己とは、自分にうち克つこと。自己の私情、私欲をおさえることである。復礼とは、礼の規則にたちもどること。礼による社会の規律・規範にかなった行動をとることである。それも、言行すべてにおいて礼の規律・規範に自律的にしたがうようにと、孔子は説く。

偽装、不正経理、粉飾決算など、企業の不正・不祥事があとを絶たないが、この克己復礼の精神があれば、そういったことをふせげるのではないだろうか。

「克己復礼」、仕事をするうえでも、いや生きてゆくうえでも忘れてはならないことばといえよう。

『論語』に学ぶ ―倫理と克己―

正当な利益

利益・財産を追求することを否定はしない。ただし、利益・財産を得るにも、あくまで正当な方法・手段によらなければならない。

適正な競争

無用な争いはさけること。競争するにしても、ルールにのっとり、マナーを守る。そして、勝負の結果だけを重視しすぎてはならない。

中庸は処世の徳

中庸は、過不足のない、ほどよい中ほどの状態、偏《かたよ》りのないバランスのとれた状態である。今日においても中庸は処世の徳といえる。

過失の対処

過ちがあれば、それを認める。そして適切に対処しなければならない。さらに過ちの原因を分析し、同じ過ちをくりかえさないことが重要。

正義と勇気

人としてなすべき、正しいことを実行する勇気がもとめられる。ただし、正義をおこなう勇気は必要だが、正義が第一にある。正義なき勇気は危険である。

中身の充実

口下手であってもかまわない。うわべをとりつくろうことなく、質朴であること。中身を充実させることが重要。ことばは意味がつたわればそれでよく、必要以上に表現を飾り立てない。

自省と自責

自省と自責の念を失わないこと。自分を向上させるためにも、自己をふりかえり、みずから反省する。

礼節と克己

つねに礼儀・礼節をわきまえ、大人としての、社会人としての良識ある行動をとる。みずからの私情・私欲をおさえ、自分にうち克ち、礼にのっとることが肝要。

Column ②

孔子の食生活

孔子の食生活は、どのようなものであったのだろうか？　これについては、『論語』に次のような記述がある。

「食《いい》は精《しらげ》を厭《いと》わず、膾《なます》は細きを厭わず。食《いい》の饐《い》して餲《あい》せると魚の餒《あさ》れて肉の敗《やぶ》れたるは食《く》らわず。色の悪《あ》しきは食らわず。臭《におい》の悪しきは食らわず。飪《じん》を失えるは食らわず。時ならざるは食らわず。割《きりめ》正しからざれば食らわず。其の醤《しょう》を得ざれば食らわず。肉は多しと雖ども、食《し》の気に勝たしめず。唯《た》だ酒は量なく、乱に及ばず」（郷党第十－八）

米は精白されたものほど好み、なますは細かく刻んだものほど好んだ。ご飯がすえて味がかわったりしたものや、いたんだ魚やくさった肉は食べない。色が悪くなったものも食べず、においの悪くなったものも食べない。煮かたのよくないものも食べず、季節はずれのものも食べない。切りかたの正しくないものも食べず、醤（つけ汁・ドレッシング）がなければ食べない。肉は多く食べても主食のご飯の量をこえないようにする。ただ、酒についてはきまった量はないが、乱れるところまでは飲まない、としている。

二千五百年以上もまえの食生活とは思えないほど、レベルの高いものである。くさったものなどを食べないことは当然であるが、季節はずれのものも食べないという。旬の食材を食べたということであろう。また、切りかたのよくないものや、煮かたのよくないものも食べないとしている。これは、味のよさはもちろん、見た目の美しさにもこだわったということであろう。まさに美食家である。

肉については限度をもうけるが、酒については限度をもうけない。酒が好きだったのだろうか。ただし、乱れるほど飲むことはないとしている。見習いたいものである。

第三章

指導と理想

「君子は矜《きょう》にして争わず、群《ぐん》して党《とう》せず」
「君子は言《げん》に訥《とつ》にして、行《こう》に敏《びん》ならんと欲《ほっ》す」
「先《ま》ず其《そ》の言《げん》を行ない、而《しか》して後《のち》にこれに従う」
「君子は器《うつわ》ならず」
「文質彬彬《ぶんしつひんぴん》として然《しか》る後《のち》に君子なり」
「老者《ろうしゃ》はこれを安《やす》んじ、朋友《ほうゆう》はこれを信じ、
少者《しょうしゃ》はこれを懐《なつ》けん」

真のリーダーとは

若いころ、下級役人としていくつかの職務を経験した孔子。そうした経験をとおして、いく人もの上司・指導者に出あい、また、そのすがたをつぶさに観察してきたであろう。孔子は「君子」について数えきれないほどの言及をしているが、長いあいだ出世できず恵まれなかった孔子だからこそ、あるべき指導者のすがたを心のなかに明瞭に描くことができたのではないだろうか。

君子は貴族たちの総称が原義であるが、孔子の描く君子像は階級をこえた理想的な人間像である。いまでいえば理想のリーダー像といえるだろう。

人々をまとめひきいていくリーダーはいかにあるべきか。真のリーダーとはどのような人物なのか。『論語』のなかの「君子」を「リーダー」に読みかえてみると、そのすがたが見えてくるだろう。

理想のリーダー像

―君子、義以《ぎもっ》て質《しつ》と為《な》し―

先生がいわれた。

「君子は、正義を基本とし、礼にしたがって行動し、謙遜《けんそん》したことばで表現し、誠実によって成し遂《と》げる。そんな人物こそ、まことの君子なのだ」。

子の曰わく、君子、義以て質と為《な》し、礼以てこれを行ない、孫《そん》以てこれを出《い》だし、信以てこれを成す。君子なるかな。

子曰、君子義以爲質、禮以行之、孫以出之、信以成之、君子哉、

（衛霊公第十五―十八）

【解説】

簡潔に理想の君子像を述べたものである。君子に関する言及は数えきれないほどあり、これまでにも里仁第四―十（59頁）や学而第一―八

君子　ひとかどの立派な人物。

（114頁）などでたびたびふれてきた。
君子は、もともと貴族たちの総称が原義であり、上層階級に属する人物をさす。孔子の描く君子像は、階級をこえた理想的人間像である。いまでいえば、リーダー・上司、指導者などにもとめられる人間像といえるだろう。

争わず徒党も組まず

―君子は矜《きょう》にして争わず、群《ぐん》して党《とう》せず―

先生がいわれた。
「君子は厳然《げんぜん》として誇《ほこり》をもっているが、他人とは争わない。おおぜいの人と親しむが、徒党は組まない」。

子の曰わく、君子は矜《きょう》にして争わず、群して党《とう》せず。

子曰、君子矜而不爭、羣而不黨、

（衛霊公第十五―二十二）

矜 おごそかにそれを持すること。厳然と己《おのれ》を持すること。

【解説】

君子は、動かしがたい威厳《いげん》、プライドをもっているが、だからといって自己を主張し、他者と争うことはない。多くの人と交流するが、だからといっていって群れて徒党を組んだりしない。

争わず、群れずということだが、同様の趣旨のことばがいくつかある。

調和して雷同《らいどう》せず

―君子は和《わ》して同《どう》ぜず―

先生がいわれた。

「君子は人と調和するが、むやみに同調はしない。小人はむやみに同調するが調和はしない」。

子の曰《のたま》わく、君子は和して同《どう》ぜず、小人は同じて和せず。

子曰、君子和而不同、小人同而不和、

小人
小人物、つまらない人間。

（子路第十三―二十三）

【解説】

和は、自分の考えはしっかりもっているが、人の考えも尊重するという調和。同は、相手の顔色をうかがい、むやみに同調するという雷同。

君子は調和するが雷同はしない。他者との調和がとれた関係を構築することは社会生活をおくるうえで重要なことである。

他者とのかかわりかたについては、次のような章もある。

先生がいわれた。

「君子は広く公平に親しんで、偏《かたよ》ることはない。小人は偏って、広く公平に親しまない」。

子曰、君子周而不比、小人比而不周、

（為政第二―十四）

子の曰《のたま》わく、君子は周《しゅう》して比《ひ》せず、小人《しょうじん》は比して周せず。

◆「周」「比」については さまざまな解釈がある。誠実さと節度を保って人と親しくすること、誠実さと節度がなく、ひたすらべったた

【解説】

他者との秩序ある関係を重んじた孔子は、人と交際するさいの、小人の偏った、べったりとなれあう態度を強く否定している。

この二つの章のように君子と小人を対比して、君子のありかたについて述べている章が数多くある。

ゆったりと落ちついていること

―君子は泰《ゆたか》にして驕《おご》らず―

先生がいわれた。

「君子は、ゆったりとおちついていて、いばったりしない。小人はいばっていて、おちつきがない」。

子の曰わく、君子は泰《ゆたか》にして驕《おご》らず、小人は驕《おご》りて泰《ゆたか》ならず。

子曰、君子泰而不驕、小人驕而不泰、

りとなれ親しむこと。親しみあうこと、なれあうこと。平等・公平、仲間・党派など。

泰　ゆったりとおちついたさま。

（子路第十三―二十六）

【解説】

いばらず、おごらず、ゆったりとしている君子と、いばりちらしている小人との対比である。

次のような対比もある。

先生がいわれた。

「君子はおだやかでのびのびしているが、小人はこせこせしている」。

子の曰わく、君子は坦《たいら》かに蕩蕩《とうとう》たり。小人は長《とこしな》えに戚戚《せきせき》たり。

子曰、君子坦蕩蕩、小人長戚戚、

（述而第七―三十六）

【解説】

リーダーたるもの、おだやかでやすらか、ゆったりとのびのびとありたいものである。

坦か おだやかで、やすらかなさま。

自分にもとめ他人にもとめず

―君子は諸《こ》れを己《おの》れに求む―

先生がいわれた。

「君子は何事も自分にもとめるが、小人は何事も他人にもとめる」。

子の曰わく、君子は諸《こ》れを己れに求む。小人《しょうじん》は諸れを人に求む。

子曰、君子求諸己、小人求諸人、

（衛霊公第十五―二十一）

【解説】

これも君子と小人を対比させたものであるが、何事ももとめる先は自分であるという。

なにかを成し遂げようとするとき、君子は自分の力で成功させようとするが、小人は他人の力をたよろうとする。失敗したとき、君子はみずから反省するが、小人は他人のせいにする。リーダーは自己責任を旨とし、他人の責任にしてはならない。もちろん、部下のせいにしてはならないことは、いうまでもない。

困窮《こんきゅう》してもやけにならない

ー君子固《もと》より窮《きゅう》すー

陳《ちん》の国にいたとき、食糧の補給が絶《た》えた。お供の弟子たちは病《や》み、つかれ果てて、立ちあがることもできなかった。子路が腹を立てて、孔子にお目にかかって、こういった。

「君子でもやはり困窮《こんきゅう》することがあるのですか」。

先生はいわれた。

「君子ももちろん困窮することはある。だが、小人は困窮するとやけくそになるものだよ」。

陳《ちん》に在《いま》して糧《りょう》を絶《た》つ。従者《じゅうしゃ》病みて能《よ》く興《た》つこと莫《な》し。子路慍《いか》って見《まみ》えて曰《い》わく、

在陳絶糧、従者病莫能興、子路慍見曰、君子亦有窮乎、子

子路
姓を仲《ちゅう》、名を由《ゆう》、あざなを子路という。孔子より九歳年下で年長の弟子に属する。腕っぷしが強く、気持ちがまっすぐで、それをすぐにあらわす熱情家。

◆孔子一行が陳に滞在しているときに、呉《ご》が

君子も亦《ま》た窮すること有るか。子の曰《のたま》わく、君子固《もと》より窮す。小人《しょうじん》窮すれば斯《ここ》に濫《みだ》る。

曰、君子固窮、小人窮斯濫矣、

（衛霊公第十五―二）

【解説】

これもまた君子と小人を対比させた発言である。つかれ果てて立ちあがることもできない一行のありさまを見て、熱情家の子路は憤慨《ふんがい》して、「君子でも困窮することがあるのか」と孔子に詰問する。孔子はこれに対して「君子も困窮する」とし、「困ったときに自暴自棄《じぼうじき》になるのは小人だ」と教えさとす。君子は困窮しても、とりみだすことはないということである。

人間だれしも追いつめられ困り果てることはある。そんなときに、やけになったり、動揺したりしてはならない。とくに、人の上に立つリーダーにもとめられることではないだろうか。上にいる人間がとりみだすようなことがあれば、当然、下にいる人間も動揺するだろう。困窮したときこそ、おちつき冷静さを保つことである。

楚《そ》の同盟国である陳を攻めたので、楚は援軍を派遣して陳をたすけ、陳は大混乱におちいった。幸い、楚が兵を出して孔子をむかえたので、危機を脱することができた。第一部参照。

つまらない義理立てはしない

ー君子は貞《てい》にして諒《りょう》ならずー

先生はいわれた。

「君子は、大きな信義を守るが、小さな信義にはこだわらないものだ」。

子の曰《のたま》わく、君子は貞《てい》にして諒《りょう》ならず。　子曰、君子貞而不諒、

（衛霊公第十五ー三十七）

【解説】

君子は、こまかな正しさにはこだわらず、つまらない義理立てはしないということである。

能弁《のうべん》よりもすばやい行動

貞　大きな信義。

諒　小さな信義。つまらない義理立て。

―君子は言《げん》に訥《とつ》にして、行《こう》に敏《びん》ならんと欲《ほっ》す―

先生がいわれた。

「君子は口下手であっても、行動はすばやくありたいものだ」。

子の曰わく、君子は言《げん》に訥《とつ》にして、行《こう》に敏《びん》ならんと欲す。

子曰、君子欲訥於言、而敏於行、

（里仁第四―二十四）

【解説】

「剛毅朴訥《ごうきぼくとつ》」（127頁）のところで見たように、孔子は口下手であることを否定しない。むしろ、口先だけの人間を批判している。能弁である必要はない。それよりもすばやい行動がもとめられる。実践を重視した発言である。

同様の趣旨のことばとして、次のようなものがある。

先生がいわれた。

訥　口ごもるさま。口下手。

敏　敏捷《びんしょう》なこと。

「君子は自分のいったことばが、その行動以上になることを恥じるものだ」。

子の曰《のたま》わく、君子は其の言《げん》の其の行《こう》に過ぐるを恥ず。

子曰、君子恥其言之過其行也、

（憲問第十四―二十九）

【解説】

ことばよりも行動。これもリーダーにもとめられることであろう。口先だけでは、チームや組織をひきいていくことはできない。みずからの行動や態度で示していく必要があるからだ。

さらに、ことばと行動について次のようなことばもある。

発言と行動の一致
―躬《み》の逮《およ》ばざるを恥じてなり―

先生がいわれた。

「むかしの人が、軽々しく発言しなかったのは、自分のことばが実行をともなわないことを恥じたからだ」。

子の曰わく、古者《こしゃ》、言《げん》をこれ出《い》ださざるは、躬《み》の逮《およ》ばざるを恥じてなり。

子曰、古者、言之不出、恥躬之不逮也、

（里仁第四―二十二）

【解説】

自分にできないことを軽々しく口にしない。発言と行動を一致させることが肝要である。

まずは実行せよ

―先《ま》ず其《そ》の言《げん》を行ない、而《しか》して後《のち》にこれに従う―

子貢《しこう》が君子についておたずねした。

先生がいわれた。
「まずいおうとすることを実行する。実行してから、あとでものをいう人のことだな」。

子貢《しこう》、君子を問う。子の曰わく、先ず其の言を行ない、而《しか》して後《のち》にこれに従う。

子貢問君子、子曰、先行其言、而後從之、

（為政第二―十三）

【解説】

これも「言に訥にして、行に敏ならんと欲す」に通じるものである。孔子は行動することに重きをおいた。あれこれ発言するまえに、まずは実行。大事なことである。
また、すぐに実行することについては、次のような章がある。
季文子《きぶんし》は、三度考えてからはじめて実行した。先生はこれを聞いてこういわれた。

子貢
姓を端木《たんぼく》、名を賜《し》、あざなを子貢という。孔子より三十一歳年下で、弁論にすぐれた孔子門下の秀才。また商才にもたけた多芸の士でもあった。
◆子貢は能弁家であったので、子貢の問いに対して孔子は、まずは実行せよと、そっと反省をうながした。

季文子
姓は季孫《きそん》、名は行父《こうほ》、文は諡《おくりな》。魯の有名な政治家。孔子が生ま

「二度考えれば十分だ」。

季文子、三《み》たび思いて而《しか》る後《のち》に行なう。子、これを聞きて曰《のたま》わく、再《ふた》びせば斯《こ》れ可《か》なり。

季文子三思而後行、子聞之曰、再思斯可矣、

（公治長第五―二〇）

【解説】

考えるにも限度があるということであろう。やはり、すぐに実行なのである。

リーダーは器《うつわ》であってはならない

―君子は器《うつわ》ならず―

先生がいわれた。

「君子は用途のきまった器ものであってはならないのだ」。

れるまえに死去している。

◆考えすぎると私欲がおこるからだという解釈。季文子ほどの人物であれば二度で十分であったとする解釈がある。

子の曰わく、君子は器《うつわ》ならず。

子曰、君子不器、

（為政第二―十二）

【解説】

君子は「器」であってはならない。君子が専門化また特化することを否定したものである。君子というのは、きまったモノをいれるだけの器ではなく、そのはたらきは限定されず広く自由である。特定のことしかできないのではなく、さまざまな方面で幅広く才能・能力を発揮することがのぞましいのである。

まさに、現代におけるリーダーについても同じことがいえるだろう。特定の専門分野について深い知識や技術をもっていることは、もちろん大事ではある。しかし、それだけでは十分とはいえない。その分野だけしか知らないというのでは、チーム・組織のマネジメントはできないからだ。

孔子は若いころ、学問のかたわら、さまざまな仕事を経験してきた。その経験をとおして、さまざまな技能を身につけていった。そうした体験をふまえて、「君子は専門化されてはならない」としているのだ。体験に裏打ちされた、説得力のあることばである。

徳のあるものは孤立しない

―徳《とく》は孤《こ》ならず―

先生がいわれた。

「徳のあるものはけっして孤立しない。きっと、よい理解者の隣人があらわれるものだ」。

子の曰わく、徳は孤《こ》ならず。必らず鄰《となり》あり。

子曰、徳不孤、必有鄰、

（里仁第四―二十五）

【解説】

徳（大いなる道徳）を身につけたものと君子とは、同じような存在。そのような人物はけっして孤立せず、共鳴者、よき理解者がまわりにあらわれるということである。

リーダーの大事にすべき三つのこと

ー君子の道に貴ぶ所の者は三つー

曾子《そうし》が重病になったとき、孟敬子《もうけいし》が見舞われた。曾子がかれにいった。

「鳥の死にぎわの鳴き声は哀《かな》しく、人間の死にぎわのことばは立派だと申します。どうかわたくしのことばをお心にとどめますように。人の上に立つ君子が礼の道において大事にすべきことが三つあります。第一に、立《た》ち居《い》振《ふ》る舞《ま》いに気をつけられること。そうすれば、他人の暴力や軽蔑《けいべつ》から遠ざかることができます。第二に、顔つきを正しくなさること。そうすれば、人の信頼があつまります。第三に、ことばづかいに気をつけること。そうすれば、下品で道理にあわないことばは耳にはいらなくなります。このほか、祭祀《さいし》用の器のことなどは、担当の役人におまかせになることです」。

曾子、疾あり。孟敬子これを問う。曾子言いて曰わく、鳥の将《まさ》に死なんとするや、

曾子有疾、孟敬子問之、曾子言曰、鳥之將死、其鳴也哀、

曾子
姓を曾《そう》、名を参《しん》、あざなを子輿《しょ》という。孔子より四十六歳年下、孔子門下における年少の弟子。孔子亡きあとの一門をとりまとめた。

孟敬子
魯の国の重臣。魯の三大貴族の一つ、孟孫氏の一族。

◆「立ち居振る舞いに気をつけると、自分のなかの乱暴さがなくな

其の鳴くこと哀《かな》し。人の将に死なんとするや、其の言うこと善し。君子の道に貴ぶ所の者は三つ。容貌《ようぼう》を動かしては斯《ここ》に暴慢《ぼうまん》を遠ざく。顔色を正しては斯に信に近づく。辞気を出《い》だしては斯に鄙倍《ひばい》を遠ざく。籩豆《へんとう》の事は則ち有司《ゆうし》存せり。

人之將死、其言也善、君子所貴乎道者三、動容貌、斯遠暴慢矣、正顏色、斯近信矣、出辭氣、斯遠鄙倍矣、籩豆之事、則有司存、

（泰伯第八―四）

【解説】

魯の重臣の孟敬子が病気の曾子を見舞ったときの話である。曾子は、人の上に立つ君子、為政者として、尊重すべき、大事にすることが三つあるという。

・すがたかたち、立ち居振る舞いに気をつける
・顔つき、表情をととのえ、正しくする
・ことばづかいに気をつける

君子、リーダーにかぎらず、大事にすべき三つのことといえよう。
また、君子が思い、考えるべきことをあげた、次のような章もある。

る」というように、すべて自分の悪い性向をおさえるための注意だと解釈する説もある。

◆「祭祀用の器のことなど～」は、為政者は根本的なことに専念し、瑣末《さまつ》なことは担当の役人にまかせておけばよいといい聞かせたもの。

リーダーの九つの思うこと

―君子に九思あり―

孔子がいわれた。

「君子には九つの思うことがある。見るときには、はっきり見たいと思う。聞くときには、はっきり聞きたいと思う。顔つきはおだやかでありたいと思う。態度はうやうやしくありたいと思う。ことばは誠実でありたいと思う。仕事は慎重でありたいと思う。疑わしいことは問いたいと思う。怒ったときはあとのめんどうを思う。利益をまえにしたときは、それが正しいかどうかを考える」。

孔子の曰わく、君子に九思あり。視《み》るには明を思い、聴くには聡《そう》を思い、色には温を思い、貌《かたち》には恭を思い、言《げん》には忠を思い、事には敬を思い、疑わしきには問いを思い、忿《いか》りには難を思い、得《う》るを見

孔子曰、君子有九思、視思明、聽思聰、色思溫、貌思恭、言思忠、事思敬、疑思問、忿思難、見得思義、

明 はっきり見ること。

聡 はっきり聞くこと。

ては義を思う。

（季氏第十六―一〇）

【解説】

君子が思い、考えるべきことを九つあげている。
次の項目がつねにのぞましい状態であるかどうかを考える。
・見ること　・聞くこと　・顔つき　・態度　・ことば　・仕事
次の状況になったとき、どのように対処し、行動するかを考える。
・疑わしいとき　・怒ったとき　・利益をまえにしたとき
これもまた、だれもが思い、考えるべきことであろう。
なお、利益をまえにしたときについては、第二章で見た「利を見ては義を思い」（１００頁）に通じるものである。利益を目のまえにしたときには、それが正しいものか、正義にかなったものなのかを考えなければならないのである。

色　顔つき。表情。

難　あとの困難さ。あとのめんどう。

リーダーにふさわしい四つの徳

―君子の道四つ有り―

先生が子産《しさん》をこう評されていた。

「子産は、君子にふさわしい四つの徳をそなえられていた。身のふるまいはうやうやしく、目上の人に仕《つか》えるさいにはつつしみ深く、人々を養うには恵《めぐ》み深く、人々を使役《しえき》するには公正であるということだ」。

子、子産《しさん》を謂《のたま》わく、君子の道四つ有り。其の己れを行なうや恭《きょう》、其の上《かみ》に事《つか》うるや敬《けい》、其の民を養なうや恵《けい》、其の民を使うや義《ぎ》。

子謂子産、有君子之道四焉、其行己也恭、其事上也敬、其養民也恵、其使民也義、

（公冶長第五― 十六）

【解説】

うやうやしく、つつしみ深く、恵み深く、公正。人の上に立つものがそ

子産

春秋時代の小国鄭《てい》の名宰相。孔子より一時代前の合理主義的・実用主義的な政治思想家。孔子に深い影響をあたえたとされる。

なえるべき徳である。

上位者は寛容《かんよう》であれ

―上《かみ》に居《い》て寛《かん》ならず―

先生がいわれた。

「上位にいながら寛容ではないもの、礼にしたがっていながらつつしみがないもの、葬儀に参列しても哀悼《あいとう》の情がないもの、こういうものを、わたしは見るに耐《た》えない」。

子の曰《のたま》わく、上《かみ》に居て寛《かん》ならず、礼を為《な》して敬せず、喪《も》に臨《のぞ》みて哀《かな》しまずんば、吾れ何を以てかこれを観んや。

子曰、居上不寛、爲禮不敬、臨喪不哀、吾何以觀之哉、

（八佾第三―二十六）

【解説】

寛容、つつしみ、哀悼は、心の底からあふれ出る思いである。そういった思いがこもっていない、形だけをつくろうものたちを、孔子は痛烈に批判している。

最初に、上の立場にいながら寛容さが欠けていることを批判しているが、上位者、人の上に立つものには、寛大で、多くの人を受けいれる度量や、過失をとがめだてせず、人を許す心が必要。ぎすぎすとした、不寛容な現代社会。いまのリーダーには、とくにそうした器の大きさ、心の広さがもとめられるだろう。

うしろめたいことがなければ

―君子は憂《うれ》えず、懼《おそ》れず―

司馬牛《しばぎゅう》が君子についておたずねした。先生はいわれた。

「君子は心配したり、おそれたりしないものだ」。

司馬牛

姓を司馬、名を耕《こう》、

司馬牛はまたおたずねした。

「心配したり、おそれたりしなければ、それで君子といってよろしいのでしょうか」。

先生はいわれた。

「自分で内心、反省し、うしろめたいことがなければ、ほかになにも心配し、なにもおそれることはないではないか」。


司馬牛、君子を問う。子の曰《のたま》わく、君子は憂えず、懼《おそ》れず。曰《い》わく、憂えず、懼れず、斯《こ》れこれを君子と謂うべきか。子の曰《のたま》わく、内に省《かえり》みて疚《やま》しからずんば、夫《そ》れ何をか憂え何をか懼れん。

司馬牛問君子、子曰、君子不憂不懼、曰、不憂不懼、斯可•謂之君子已乎、子曰、内省不疚、夫何憂何懼、

（顔淵第十二―四）


【解説】

自分に問いかけ、うしろめたいこと、やましいことがなければ、心配することも、おそれることもないということである。つねにそうありたいも

あざなを子牛《しぎゅう》という。孔子の弟子で、宋の出身。おしゃべりであったという。

のである。

中身と外見の調和

―文質彬彬《ぶんしつひんぴん》として然《しか》る後《のち》に君子なり―

先生がいわれた。

「中身の質朴《しつぼく》さが外見の飾《かざ》りよりも強ければ、粗野《そや》になる。外見の飾りが中身の質朴さよりも強ければ、無味乾燥《むみかんそう》になる。中身と外見とが、ほどよく調和してこそ、君子なのだ」。

子の曰わく、質、文に勝てば則ち野《や》。文、質に勝てば則ち史《し》。文質彬彬《ひんぴん》として然る後《のち》に君子なり。

子曰、質勝文則野、文勝質則史、文質彬彬、然後君子、

（雍也第六―十八）

【解説】

彬彬　調和しているさま。均衡のとれたさま。

内面（中身）の質朴さが強いと粗野。外面（外見）の装飾が強いと空疎《くうそ》になる。内面（中身）と外面（外見）がほどよく調和し、うまくバランスがとれている状態がのぞましい。「文質彬彬」、心がけたいことばの一つといえよう。

理想の人物像

―老者《ろうしゃ》はこれを安《やす》んじ、朋友《ほうゆう》はこれを信じ、少者《しょうしゃ》はこれを懐《なつ》けん―

顔淵《がんえん》と子路《しろ》がおそばにいたとき、先生がいわれた。

「どうだ、おまえたちそれぞれの理想を話してみないか」。

子路はいった。

「できたら、馬車や衣服、毛皮を友だちといっしょにつかって、それがいたんでも、気にしないようにありたいと思います」。

顔淵はいった。

「よいことをしても自慢せず、つらいことを他人におしつけないよう

顔淵　顔回《がんかい》。姓を顔、名を回、あざなを子淵《しえん》という。孔子より三十歳年少であり、孔子の最愛の弟子。

にしたいと思います」。
子路はいった。
「どうか先生の理想をお聞かせください」。
先生はいわれた。
「老人からは安心され、友だちからは信頼され、若者からはしたわれるようになることだ」。

顔淵《がんえん》・季路侍《じ》す。子の曰《のたま》わく、盍《なん》ぞ各〻《おのおの》爾《なんじ》の志しを言わざる。子路が曰《い》わく、願わくは車馬衣裘《いきゅう》、朋友と共にし、これを敝《やぶ》るとも憾《うら》み無けん。顔淵の曰《い》わく、願わくは善に伐《ほこ》ること無く、労を施すこと無けん。子路が曰《い》わく、願わくは子の志しを聞かん。子の曰《のたま》わく、老者《ろうしゃ》はこれを安んじ、朋友はこれを信じ、少者はこれを懐《なつ》けん。

顔淵季路侍、子曰、盍各言爾志、子路曰、願車馬衣輕裘、與朋友共、敝之而無憾、顔淵曰、願無伐善、無施勞、子路曰、願聞子之志、子曰、老者安之、朋友信之、少者懷之、

（公冶長第五—二十六）

子路
姓を仲《ちゅう》、名を由《ゆう》、あざなを子路という。孔子より九歳年下で年長の弟子に属する。154頁参照。

季路
子路のこと。

【解説】

子路と顔淵が孔子のそばにいたときの問答で、なごやかな雰囲気のなかでの発言である。

孔子の理想とするところは、年長者からは安心してたよられ、同輩からは信頼され、年少者からはしたわれ、尊敬されるような人間だという。ごくごく平凡なことともとれるものである。しかし、実際にこのような人物になるのは、とても難しいことではないだろうか。だからこそ、理想の人物像といえるのだろう。

三つの徳性を兼ね備える

―知者《ちしゃ》は惑《まど》わず、仁者《じんしゃ》は憂《うれ》えず、勇者《ゆうしゃ》は懼《おそ》れず―

先生がいわれた。

「知者は迷わない。仁者は悩まない。勇者はおそれない」。

知者　知性のある人。

仁者　仁徳のある人。誠実な思いやりをもつ人。

子の曰わく、知者《ちしゃ》は惑《まど》わず、仁者は憂え ず、勇者は懼《おそ》れず。

子曰、知者不惑、仁者不憂、勇者不懼、

（子罕第九―三〇）

【解説】

知恵・知性をそなえた人は、理解力・認識力があるから迷わない。仁徳・誠実な思いやりをもった人は、言動に自信があるから悩まない。勇気のある人は、意志が強いからおそれないという。

孔子は、知者、仁者、勇者の三つの徳性、知恵、仁徳、勇気をかねそなえることを理想としたのである。

なお、順番は異なるが、同様のことを述べた章がある。

先生がいわれた。

「君子がなすべき道は三つあるが、わたしはどれもできていない。仁者は悩まない。知者は迷わない。勇者はおそれない」。

うけたまわっていた子貢《しこう》がいった。

「それは先生がご自身のことをいわれたのですね」。

勇者
勇気のある人。

子貢
姓を端木《たんぼく》、名を賜《し》、

子の曰《のたま》わく、君子の道なる者三つ。我れ能《よ》くすること無し。仁者《じんしゃ》は憂えず、知者《ちしゃ》は惑わず、勇者は懼《おそ》れず。子貢《しこう》が曰《い》わく、夫子《ふうし》自ら道《い》うなり。

子曰、君子道者三、我無能焉、仁者不憂、知者不惑、勇者不懼、子貢曰、夫子自道也、

（憲問第十四—三〇）

【解説】

君子がなすべき道は、仁、知、勇の三つであるとし、孔子は自分はそれができていないと謙遜していう。それを聞いた優秀な弟子の子貢は、それは先生がご自身のことをいわれた、つまり、先生はその三つのすべてができているのですね、といい添えている。

知恵、仁徳、勇気の三つの徳性をかねそなえ、またそれを高めてゆくことは、人間力を高めてゆくことにつながるのであろう。

また、知者と仁者については次の発言もある。

先生がいわれた。

「知者は水を楽しみ、仁者は山を楽しむ。知者は動的であり、仁者は

あざなを子貢という。160頁参照。

静的である。知者は楽しく生き、仁者は長生きをする」。

子の曰わく、知者《ちしゃ》は水を楽しみ、仁者は山を楽しむ。知者は動き、仁者は静かなり。知者は楽しみ、仁者は寿《いのちなが》し。

子曰、知者樂水、仁者樂山、知者動、仁者靜、知者樂、仁者壽、

（雍也第六―二十三）

【解説】

知者、仁者に優劣をつけることなく、理想的な人間の二つのタイプを示したものといえよう。

『論語』に学ぶ ―指導と理想―

威厳と交流

動かしがたい威厳・誇りをもつ。しかし、他者とは争わない。多くの人と交流する。しかし、群れて徒党を組むようなことはしない。

他者との調和

自分の考えはしっかりもち、かつ、人の考えも尊重する。むやみに同調せず、他者との調和がとれた関係を構築することが重要。

自己責任

何事ももとめる先は自分である。なにかを成し遂げようとするときも、失敗したときも、責任は自分にある。責任を転嫁してはならない。

困窮しても動ぜず

困窮しても、やけになったり、動揺したりしてはならない。困窮したときこそ、おちつき冷静さを保つことが大切である。

ことばより行動

能弁である必要はない。すばやい行動がもとめられる。ことばより行動。口先だけでなく、みずからの行動や態度で示していく必要がある。

発言と実行

できないことを軽々しく口にせず、発言と行動を一致させる。発言するまえに、まずは実行することが大事である。

多方面で能力を発揮

リーダーは「器」であってはならない。専門化・特化せず、さまざまな方面で幅広く才能・能力を発揮することがのぞましい。

大きな器・広い心

人の上に立つものには、寛大で、多くの人をうけいれる度量や、過失をとがめ立てせず、人を許す心が必要。大きな器、広い心がもとめられる。

Column ③

孔子の時代のマナー

Column ②では、孔子の食生活について見たが、食事その他、当時のマナー・孔子の態度について言及した章がいくつかある。

「食らうには語らず、寝《い》ぬるには言わず」(郷党第十－八)

孔子は食事中は話をせず、就寝中は口をきかなかったという。食事中に口をきかなかったというのは、あまりに窮屈なので、食事のとき、孔子は教訓めいた話はしなかったという意味だと説く解釈もある。

「疏《そ》食《し》と菜羹《さいこう》と瓜《うり》と雖ども、祭れば必らず斉如《さいじょ》たり」(郷党第十－八)

粗末な飯や野菜の汁、瓜のようなものでも、その一部をとりわけて祭るときには、かならず敬虔な態度をとったという。これは、食事のまえにひとつまみをとりわけて、食物や料理を考えついた先人に感謝の念をささげたものである。

「席《せき》正しからざれば、坐せず」(郷党第十－九)

これは、孔子は座席はちゃんとした方向に向いていなければ座らなかったというものである。この当時の中国では、床のうえに座布団にあたる敷物をおいて座っていた。孔子は、その座席をまっすぐに直してから座ったのである。礼を守る孔子の態度がうかがえるものである。

形のうえでの礼を守る一方で、心の面をあらわす次のような章がある。

「廏《うまや》焚《や》けたり、子、朝《ちょう》より退きて曰《のたま》わく、人を傷《そこな》えりや。馬を問わず」(郷党第十－十三)

孔子の自宅の馬屋が火事になって焼けたとき、朝廷から退出してきた孔子は、「人にケガはなかったか」といい、馬のことは聞かなかったという。まずは人の身を案じるという、孔子の心がよくあらわれているものといえよう。

第四章

統率と管理

「其の身正しければ、令《れい》せざれども行なわる」
「近き者説《よろこ》び遠き者来たる」
「有司《ゆうし》を先きにし、小過《しょうか》を赦《ゆる》し、賢才を挙げよ」
「其の人を使うに及びては、これを器《うつわ》にす」
「暴虎馮河《ぼうこひょうか》して死して悔《く》いなき者は、吾《わ》れ与《とも》にせざるなり」
「其の位に在らざれば、其の政《まつりごと》を謀《はか》らず」

人々を導く要諦

道徳が崩壊し、秩序が乱れた世において、みずからの理想とする政治の実現を目指した孔子。実際に政治・行政にたずさわり、政治家としての成果をあげた。

また、孔子は多くの弟子たちを導き、その弟子たちは、のちに官僚などとなって活躍した。孔子は、弟子たちに政治にたずさわるものの心得や姿勢などを説いた。そして諸侯には、国をいかに治めるべきか、政治に関する助言をおこなった。『論語』には、政治に関する言及が数多くある。

政治は、国、人民を治めることであるが、それは組織を治めることにも通じる。人々をいかに導いてゆくべきか、また、組織をいかにひきいて、管理・運営してゆくべきか。『論語』を通して、それらについて学ぶことができるだろう。

自分の身が正しければ

―其の身正しければ、令《れい》せざれどども行なわる―

先生がいわれた。

「自分の身が正しければ、命令しなくても人々はしたがう。自分の身が正しくなければ、命令したところでしたがわないものだ」。

子の曰わく、其の身正しければ、令せざれども行なわる。其の身正しからざれば、令すと雖ども従わず。

子曰、其身正、不令而行、其身不正、雖令不從、

（子路第十三―六）

【解説】

政治にたずさわるものの要点を述べたものである。政治家自身のありかた、その姿勢が正しければ、命令しなくても人々はしたがい、実行する。反対に、正しくなければ、命令してもしたがわないという。正しくないも

のの指示や命令にしたがわないのは、当然であろう。
同様の趣旨を述べたものとして、次の章がある。

先生がいわれた。

「もし自分の身が正しくさえあれば、政治にたずさわることなど、たやすいことだ。自分の身を正しくすることができなければ、人々を正しくさせることなど、どうしてできよう」。

子の曰わく、苟《いやし》くも其の身を正しくせば、政《せい》に従うに於いてか何か有らん。其の身を正しくすること能《あた》わざれば、人を正しくすることを如何《いかん》せん。

子曰、苟正其身矣、於従政乎何有、不能正其身、如正人何、

（子路第十三―十三）

【解説】

組織をひきいてゆくにも、まずは自分の姿勢、おこないを正すことである。上に立つものが、先に立ってみずからを正すことによって、人も、組

織も正しい方向に導いてゆくことができるだろう。

「政」とは「正」である

―政とは正なり―

季康子《きこうし》が、政治について孔子にたずねた。孔子はこたえていわれた。「政とは正です。あなた自身が率先して正しくなされたら、だれもが正しくなるでしょう」。

季康子、政《せい》を孔子に問う。孔子対《こた》えて曰《のたま》わく、政とは正なり。子帥《ひき》いて正しければ、孰《たれ》か敢《あ》えて正しからざらん。

季康子問政於孔子、孔子對曰、政者正也、子帥而正、孰敢不正、

（顔淵第十二―十七）

【解説】

これも政治をおこなうものは、みずからを正すべきだと述べたものであ

季康子　魯《ろ》の三大貴族の一つ、季孫《きそん》氏の一族で、魯の重臣。

る。魯の重臣の季康子との対話には、次のようなものもある。

襟《えり》を正すことが肝要

―苟《いやし》くも子の不欲ならば、これを賞《しょう》すと雖《いえ》ども窃《ぬす》まざらん―

季康子が、国中に盗賊が多いことを心配して、孔子にたずねた。孔子はこたえていわれた。

「もしあなた自身が無欲であれば、たとえほうびをだしたとしても、だれも盗みをはたらきませんよ」。

季康子、盗《とう》を患《うれ》えて孔子に問う。孔子対《こた》えて曰《のたま》わく、苟《いやし》くも子の不欲ならば、これを賞すと雖ども窃《ぬす》まざらん。

季康子患盜、問於孔子、孔子對曰、苟子之不欲、雖賞之不竊、

（顔淵第十二―十八）

【解説】

◆孔子の生きていた春秋末期から戦国にかけては、各地で盗賊が横行した。

賞す
賞金やほうびをだす。

為政者である季康子自身が私欲をもたなくなれば、盗賊などたちまちいなくなるという孔子。季康子の政治姿勢、金もうけ主義を批判しているのである。

次も季康子との対話である。

季康子が、政治について孔子にたずねて、こういった。

「道をはずれたものを死刑にして、道を守るものを育成するというやりかたは、どうでしょうか」。

孔子はこたえていわれた。

「あなたは政治をなさるのに、どうして死刑をつかわれるのですか。あなたが善《よ》くなろうとされるなら、人民も善くなります。君子、為政者の徳は風です。小人、人民の徳は草です。草は風に吹かれると、かならずなびき伏します」。

季康子、政《せい》を孔子に問いて曰《い》わく、如《も》し無道を殺して以て有道に就《つ》かば、何如《いかん》。孔子対えて曰《のたま》わく、子、政を為《な》すに、焉《な》

季康子問政於孔子、曰、如殺無道以就有道、何如、孔子對曰、子爲政、焉用殺、子欲善

君子　ここでは為政者の意。

小人　ここでは庶民、一般民衆の意。

んぞ殺を用いん。子、善を欲すれば、民善ならん。君子の徳は風なり、小人の徳は草なり。草、これに風を上《くわ》うれば、必らず偃《ふ》す。

而民善矣、君子之徳風也、小人之徳草也、草上之風必偃、

（顔淵第十二—十九）

【解説】

ここまでの季康子との対話で共通しているのは、とにかく為政者がまず襟を正さなければならないということである。組織を統率・管理していくにも、まずは統率・管理するものが襟を正すべきなのである。

人をひきつけること

—近き者説《よろこ》び遠き者来たる—

葉公《しょうこう》が政治についてたずねた。先生はいわれた。

葉公 楚《そ》の重臣で、葉県の

「近くの人々はよろこびなつき、遠くの人々は自然とやって来るようにすることです」。

葉公《しょうこう》、政《せい》を問う。子の曰《のたま》わく、近き者説《よろこ》び遠き者来たる。

葉公問政、子曰、近者說、遠者來、

（子路第十三—十六）

【解説】

簡潔に政治のポイントをあらわした忠言であり、組織運営・管理の要諦ともいえることばである。人をひきつける人望をそなえたいものである。

徳によって人々を導く

—これを道《みち》びくに徳を以てし、これを斉《ととの》うるに礼を以てすれば、恥《はじ》ありて且《か》つ格《ただ》し—

先生がいわれた。

長官だった沈諸梁《しんしょりょう》のこと。賢明で人望があった。

「人々を導くにあたって、法制や禁令によって導き、刑罰によって統制したら、刑罰から逃れることばかり考え、恥じる心がなくなるものだ。人々を導くにあたって、徳によって導き、礼によって統制してゆくなら、恥じる心が生まれ、かつ正しくなるものだ」。

子の曰わく、これを道《みち》びくに政《せい》を以てし、これを斉《ととの》うるに刑を以てすれば、民免《まぬが》れて恥ずること無し。これを道びくに徳を以てし、これを斉うるに礼を以てすれば、恥《はじ》ありて且《か》つ格《ただ》し。

子曰、道之以政、齊之以刑、民免而無恥、道之以德、齊之以禮、有恥且格、

（為政第二―三）

【解説】

法制や禁令、刑罰によって人々をとりしまり、威圧的におさえこもうとすると、人々の心は荒廃する。徳によって導き、礼によって統制してゆくことの重要性を説いたものである。

現代の組織においても、規則、罰則で管理・規制するよりも、人徳に

よって人々を導いてゆくほうがよいのは、いうまでもないだろう。
徳による政治については、次のようにも述べている。

先生がいわれた。
「政治をおこなうのに、徳によっているのなら、まるで北極星が天の中心にじっとしていて、ほかの多くの星がこれをとりまきながらまわっているようにうまくゆくだろう」。

子の曰《のたま》わく、政《せい》を為《な》すに徳を以てすれば、譬《たと》えば北辰《ほくしん》の其の所に居《い》て、衆星《しゅうせい》のこれに共《きょう》するがごとし。

子曰、爲政以德、譬如北辰居其所、而衆星共之、

(為政第二―一)

【解説】

みずからは動かず、中心で光を放《はな》つ北極星にたとえ、臣下をそのまわりに位置する多くの星にたとえ、徳にもとづく政治こそが調和をもたらすのだと述べている。

また、礼によって治めることについては、次の章がある。

礼によって治める

―能く礼譲《れいじょう》を以て国を為《おさ》めんか、何か有らん―

先生がいわれた。

「礼の譲《ゆず》りあう心によって国を治めたなら、なんの困難もおこるまい。礼の譲りあう心によって国を治めなければ、礼を学んだとてなんになろう」。

子の曰わく、能く礼譲《れいじょう》を以て国を為《おさ》めんか、何か有らん。能く礼譲を以て国を為めずんば、礼を如何《いかん》。

子曰、能以禮讓爲國乎、何有、不能以禮讓爲國、如禮何、

（里仁第四―一三）

【解説】

礼譲　人間社会の規範（礼）、礼の根本精神としての「譲」―人にゆずる、という語をつけたもの。

孔子は、謙遜し、譲りあう礼の精神によって国を治めるべきだとし、それができないなら、礼はなんの役にも立たないとまでいう。「譲りあう心」、忘れてはならないものである。

才能あるものを抜擢《ばってき》せよ

―有司《ゆうし》を先きにし、小過《しょうか》を赦《ゆる》し、賢才《けんさい》を挙げよ―

仲弓《ちゅうきゅう》が季《き》氏の執事になり、政治についておたずねした。先生がいわれた。

「部下の役人に適任者を得るのが先決だ。小さな過ちは大目に見て、才能のある人を抜擢しなさい」。

仲弓がいった。

「どこで才能のある人を見つけて、抜擢するのですか」。

先生がいわれた。

「きみのよく知っている人をひきたてなさい。きみの知らない才能のある人は、ほかの人が放っておくはずがないよ」。

仲弓
姓を冉《ぜん》、名を雍《よう》、あざなを仲弓という。貧しい家の出身だったが、誠実で大らかな人柄であり、孔子は高く評価した。

季氏
魯の三大貴族(三桓)の一つ、季孫《きそん》氏《し》。

仲弓、季氏の宰《さい》と為《な》りて、政を問う。子の曰《のたま》わく、有司《ゆうし》を先きにし、小過《しょうか》を赦《ゆる》し、賢才を挙げよ。曰《い》わく、焉《いず》くんぞ賢才を知りてこれを挙げん。曰《のたま》わく、爾《なんじ》の知る所を挙げよ。爾の知らざる所、人其れ諸《こ》れを舎《す》てんや。

仲弓爲季氏宰、問政、子曰、先有司、赦小過、擧賢才、曰、焉知賢才而擧之、曰、擧爾所知、爾所不知、人其舍諸、

（子路第十三―二）

【解説】

仲弓から政治のことを問われ、孔子がこたえたことばである。はじめの三つのアドバイスは、大いに参考になるものである。

- **部下を適材適所に配置する…**
  部下の能力を見きわめ、適材を適所に配置する。
- **小さな失敗は大目に見る…**
  小さな失敗はとがめず、部下を萎縮《いしゅく》させない。
- **才能ある人を抜擢する…**
  人材を埋もれさせないために、優秀な人物を抜擢する。

宰 地方長官、あるいは貴族の家の執事。

孔子は、仲弓に対して、才能ある人物を抜擢することが重要であるとし、その人物は自分の知っている人のなかからえらぶようにと助言している。困難な道のりを経て、さまざまな経験を積んできた孔子ならではの、とても意味深いことばといえよう。

正しいものを上におく

―直《なお》きを挙げて諸《こ》れを枉《まが》れるに錯《お》けば則ち民服す―

哀公《あいこう》がたずねられた。

「どうすれば人民はしたがうだろうか」。

孔子はこたえていわれた。

「正しいものを抜擢して、不正なものの上におけば、人民はしたがいます。不正なものを抜擢して、正しいものの上におけば、人民はしたがいません」。

哀公問うて曰《い》わく、何《なに》を為《な》さば則ち民《たみ》服

哀公問曰、何爲則民服、孔子

哀公
魯《ろ》国の君主。前四九四年～四六八年在位。

◆前四八四年に孔子は諸国流浪の旅から祖国にかえった。この問答は、孔子が帰国後、死去するまでの最晩年の五年間になされたものである。

せん。孔子対《こた》えて曰《のたま》わく、直きを挙げて諸《こ》れを枉《まが》れるに錯《お》けば則ち民服す。枉れるを挙げて諸れを直きに錯けば則ち民服せず。

對曰、擧直錯諸枉、則民服、擧枉錯諸直、則民不服、

（為政第二―十九）

【解説】

組織の上にいる人間が正しければ、組織も正しい方向に進み、組織を構成する人々もそれにしたがうものである。

ひとりにもとめすぎない

―備《そな》わるを一人に求むること無かれ―

周《しゅう》公は、息子の魯《ろ》公に向かっていわれた。

「君子は親族を忘れてはならない。重臣に用いられないからと、不満をいだかせないようにし、むかしなじみは大きな失敗がなければ、見す

周公　周王朝の基礎をきずいた周公旦《たん》。魯の始祖。

てないようにせよ。ひとりの人間に完全をもとめてはならない」。

周公、魯公に謂《い》いて曰《のたま》わく、君子は其の親《しん》を施《す》てず、大臣《たいしん》をして以《もち》いざるに怨みしめず、故旧《こきゅう》、大故《たいこ》なければ、則ち棄てず。備わるを一人に求むること無かれ。

周公謂魯公曰、君子不施其親、不使大臣怨乎不以、故舊無大故、則不棄也、無求備於一人、

（微子第十八—一〇）

【解説】

これは孔子やその弟子のことばではないが、最後の「備わるを一人に求むること無かれ」は、人をつかうさいの大事な教訓といえよう。ひとりの人間に必要以上のものをもとめてはならない。同様の趣旨を述べた次のことばがある。

魯公　周公旦の息子、伯禽《はくきん》。

その人の器量にあわせる

―其の人を使うに及びては、これを器《うつわ》にす―

先生がいわれた。

「君子に仕《つか》えるのはたやすいが、よろこばせるのは難しい。なぜなら、正しい道によってよろこばせなければ、よろこんでくれないからだ。また、君子が人をつかう場合には、その人の器量にあわせてつかうようにする。小人に仕えるのは難しいが、よろこばせるのはたやすい。なぜなら、正しい道によらないでよろこばせても、よろこんでくれるからだ。また、小人が人をつかう場合には、その人になんでもさせようとする」。

子の曰《のたま》わく、君子は事《つか》え易《やす》くして説《よろこ》ばし め難《がた》し。これを説《よろこ》ばしむるに道を以てせ ざれば、説ばざるなり。其の人を使うに 及びては、これを器《うつわ》にす。小人《しょうじん》は事《つか》え難《がた》 くして説ばしめ易《やす》し。これを説ばしむる

子曰、君子易事而難說也、說之不以道、不說也、及其使人也、器之、小人難事而易說也、說之雖不以道、說也、及其使人也、求備焉、

に道を以てせずと雖ども、説ぶなり。其の人を使うに及びては、備《そな》わらんことを求む。

（子路第十三―二十五）

【解説】

人をつかうさいには、その人ひとりになんでもさせようとしてはならず、「器にす」とするのだという。

器物はかぎられた用途をもっている。人間を器物にするというのは、器物の用途のように特定の、また固有の役目を果たすことを要求して、ほかのことは要求しない。その人の能力や特性などにあわせてつかうようにするということである。

綿密な計画と実行あるのみ

ー暴虎馮河《ぼうこひょうか》して死して悔《く》いなき者は、吾《わ》れ与《とも》にせざるなりー

先生は、顔淵《がんえん》に向かっていわれた。

「自分を認めて用いるものがいれば、世間に出て活動する。見すてられれば、隠遁《いんとん》する。そんなふうにできるのは、自分とおまえだけだね」。

聞いていた子路《しろ》がいった。

「もし先生が三軍を指揮されるとしたら、いったいだれといっしょになさいますか」。

先生はいわれた。

「虎と素手で闘《たたか》い、大河を歩いてわたったりして、死んでもかまわないというものとは、わたしはいっしょに行動はできないね。事にあたっては慎重にかまえ、よく計画を立てて成功するようなものといっしょにやりたいものだよ」。

子、顔淵に謂《い》いて曰《のたま》わく、これを用うれ

子謂顔淵曰、用之則行、舍之

顔淵
顔回《がんかい》。姓を顔、名を回、あざなを子淵《しえん》という。孔子より三十歳年少であり、孔子の最愛の弟子。

子路
姓を仲《ちゅう》、名を由《ゆう》、あざなを子路という。孔子より九歳年下で年長の弟子に属する。腕っぷしが強く、気持ちがまっすぐで、それをすぐにあらわす熱情家。

ば則ち行ない、これを舎《す》つれば則ち蔵《かく》る。唯《た》だ我れと爾《なんじ》と是れあるかな。子路が曰《い》わく、子、三軍を行なわば、則ち誰《たれ》と与《とも》にせん。子の曰《のたま》わく、暴虎馮河《ぼうこひょうか》して死して悔《く》いなき者は、吾れ与《とも》にせざるなり。必らずや事に臨《のぞ》みて懼《おそ》れ、謀《ぼう》を好みて成さん者なり。

則藏、唯我與爾有是夫、子路曰、子行三軍、則誰與、子曰、暴虎馮河、死而無悔者、吾不與也、必也臨事而懼、好謀而成者也、

（述而第七―一〇）

【解説】

「暴虎馮河」という四字熟語の出典となったくだりである。

勇敢で腕っぷしの強い子路から国の軍を指揮するとしたら、だれといっしょにおこなうかと問われた孔子は、命知らずの無謀なものとは行動できないときっぱりとこたえる。そして、孔子は無謀なものではなく、よく計画を立てて慎重に対処する人物と行動をともにするという。戦争ならば自分でなければといきり立つ子路をたしなめたのである。

綿密に計画を立て、慎重に対処し、その計画を成し遂げ、かならず成功

三軍　周の制度では、一軍は一万二千五百人の兵士で構成され、天子は六軍、大国は三軍を出動させる規定であった。

暴虎馮河　虎と素手で闘い、大河を歩いてわたること。無謀な勇気、勇敢さのたとえ。

をおさめる。そうした姿勢は組織を運営していくさいにももとめられるものであろう。

人民を基礎におく

―民を使うに時を以てす―

先生はいわれた。

「千乗《せんじょう》の国を治めるには、慎重に事を運んで信義を守り、公費を節約して人民をいつくしみ、人民を使役するさいには、しかるべき時期に実施せよ」。

子の曰《のたま》わく、千乗《せんじょう》の国を道びくに、事を敬《けい》して信、用を節して人を愛し、民を使うに時を以てす。

子曰、道千乘之國、敬事而信、節用而愛人、使民以時、

（学而第一―五）

千乗の国
戦時に戦車を千台出動させる国。当時における諸侯の国をいう。

◆しかるべき時期に実施するとは、主として農民を対象として農繁期（農作業の忙しい時期）をさけることをさす。

【解説】

一つの国を治めるための要点を述べている。

- 事業は慎重に進め、約束を守り、つとめを果たす
- 費用を節約し、人民をいつくしみ大切にする
- 人々をつかうさいには、農繁期をさけて適切な時期におこなうこと

いずれも組織の運営・管理の要点ともいえるものである。

人民を大切に、人民の信頼を得ることで国が成り立つという、人民を基礎においた政治は孔子の理想とするところであった。「人々を基礎におく」、これもまた忘れてはならないことであろう。

臨機応変の重要性

―与《とも》に立つべし、未だ与に権《はか》るべからず―

先生はいわれた。

「ともに同じ学問をすることはできても、ともに同じ道をゆくことが

できない。ともに同じ道をゆくことができても、ともに毅然として立つことができない。ともに毅然として立つことができても、ともに臨機応変の措置ができない」。

子の曰わく、与《とも》に共に学ぶべし、未だ与《とも》に道に適《ゆ》くべからず。与に道に適くべし、未だ与に立つべからず。与に立つべし、未だ与に権《はか》るべからず。

子曰、可與共學、未可與適道、可與適道、未可與立、可與立、未可與權、

（子罕第九―三十一）

【解説】

学ぶこと、道をゆくこと、立つこと、権《はか》ること（臨機応変）というように、段階的に人の行動やふるまいの重要性が増していくことを述べたものである。とくに重要性が高く、難しいのが権ること―臨機応変の措置である。

臨機応変の措置、柔軟な対応。組織をひきいてゆくにも求められることである。

権る　時と場合に応じ適宜、取り計らうこと。臨機応変の措置。

また、臨機応変ということについて、孔子みずからの姿勢、ありかたを示す次のような章がある。

強引に押しつけない

―意《い》なく、必《ひつ》なく、固《こ》なく、我《が》なし―

先生は四つのことを絶対になさらなかった。私意をもたず、無理押しせず、固執せず、我を張られなかった。

子、四を絶《た》つ。意なく、必《ひつ》なく、固《こ》なく、我《が》なし。

子絶四、毋意、毋必、毋固、毋我、

(子罕第九―四)

【解説】

孔子は、このように強引で押しつけるようなことを拒絶し、あくまで柔軟に発想し、乱世のなかを臨機応変に生きたのである。

意 私意。

必 無理押し。

固 固執。

我 我を張る。

余計な口出しをしない

―其の位に在らざれば、其の政《まつりごと》を謀《はか》らず―

先生がいわれた。

「その地位についていなければ、その職務について、あれこれ口出しをしない」。

子の曰わく、其の位に在らざれば、其の政《まつりごと》を謀《はか》らず。

子曰、不在其位、不謀其政也、●

（泰伯第八―十四）

【解説】

その地位にいないのであれば、その地位の仕事にあれこれ考えをめぐらせ、口出しするのは、無責任な行為であるとしている。自分の所属していない地位や職務については、岡目八目《おかめはちもく》で、いろいろと気がつくものである。だからといって、自分の所属していない地位や職務に口を出すことは越権

政

ここでは職務の意。

◆憲問第十四―二十七でも、孔子は同様の発言をしている。

であり、組織の秩序の乱れにつながるというのが、孔子の考えであった。組織において、当事者には当事者の立場・職責があり、そのポストによって役割と責任がある。それを無視して余計な口出しをするべきではない。それよりも、自分の職責をまっとうに果たすことに、全力を傾けるべきであろう。

管理者の心得

―五美《ごび》を尊び四悪《しあく》を屏《しりぞ》ければ、斯《こ》れ以て政《せい》に従うべし―

子張《しちょう》が孔子におたずねしていった。

「どのようにすれば政治にたずさわれるでしょうか」。

先生はいわれた。

「五美を大切にし、四悪を排除したら、それで政治にたずさわることができるだろう」。

子張はいった。

「何を五美というのでしょうか」。

子張
姓を顓孫《せんそん》、名を師《し》、あざなを子張という。孔子より四十八歳年下で孔子門下で最年少ともいうべき若い弟子。

先生はいわれた。

「君子は恩恵をあたえるが、費用はかけない。労働をさせるが、うらみをいだかせない。欲望をもつが、欲張らない。ゆったりとおちついているが、高ぶらない。威厳《いげん》はあるが、猛々《たけだけ》しくない、ということだよ」。

子張はいった。

「恩恵をあたえるが、費用はかけないとはどういうことですか」。

先生はいわれた。

「人々の利益とするところに応じて、利益をあたえる。これこそ恩恵をあたえるが、費用はかけないということではないだろうか。労働しがいがあることを自分でえらんで労働させる。そうすれば、だれをうらむことがあろうか。仁徳をもとめて仁徳を得るのだから、どうして欲張りになることがあろうか。君子は相手の多少、大小にかかわらず、決して侮《あなど》ることはない。これこそゆったりとおちついているが、高ぶらないことではないだろうか。君子はその服や冠《かんむり》を正して、高いところを見る。人はその威厳あるさまを眺めて畏敬《いけい》する。これこそ威厳はあるが、猛々しくないことではないだろうか」。

子張はいった。

◆人々の利益に応じて、利益をあたえるとは、山の鳥・けものの利、渚の魚・塩の利などを、そのまま保護し助長すること。

「なにを四悪というのでしょうか」。

先生はいわれた。

「人々に道徳を教えもせずに、悪いことをしたからといって死刑にする。これを虐《ぎゃく》という。あらかじめ注意・警告をしないで、成績をしらべる。これを暴という。いい加減な命令を出しながら、きびしく期限を迫る。これを賊《ぞく》という。どうせ人にあたえるというのに、出し入れをけちする。これを有司《ゆうし》、役人根性というのだ」。

子張、孔子に問いて曰《い》わく、何如《いか》なれば斯《こ》れ以て政《せい》に従うべき。子の曰《のたま》わく、五美を尊び四悪を屏《しりぞ》ければ、斯《こ》れ以て政に従うべし。子張が曰《い》わく、何をか五美と謂う。子の曰《のたま》わく、君子、恵《けい》して費《つい》えず、労して怨《うら》みず、欲して貪《むさぼ》らず、泰《ゆたか》にして驕《おご》らず、威にして猛《たけ》からず。子張が曰《い》わく、何をか恵して費えずと謂う。子の曰《のたま》わく、民の利とする所に因《よ》りてこれ

子張問政於孔子、曰、何如斯可以従政矣、子曰、尊五美屏四惡、斯可以従政矣、子張曰、何謂五美、子曰、君子恵而不費、勞而不怨、欲而不貪、泰而不驕、威而不猛、子張曰、何謂恵而不費、子曰、因民之所利而利之、斯不亦恵而不費乎、擇其可勞而勞之、又誰怨、

泰にして驕らず　ゆったりして、おちついているが、高ぶらない。151頁、子路第十三―二十六参照。

を利す、斯れ亦た恵して費えざるにあらずや。其の労すべきを択《えら》んでこれに労す、又た誰をか怨みん。仁を欲して仁を得たり、又た焉《なに》をか貪らん。君子は衆寡《しゅうか》と無く、小大と無く、敢《あ》えて慢《あなど》ること無し、斯れ亦た泰にして驕らざるにあらずや。君子は其の衣冠《いかん》を正しくし、其の瞻視《せんし》を尊くして、儼然《げんぜん》たり、人望みてこれを畏る、斯れ亦た威にして猛《たけ》からざるにあらずや。子張が曰《い》わく、何をか四悪と謂う。子の曰《のたま》わく、教えずして殺す、これを虐《ぎゃく》と謂う。戒めずして成るを視る、これを暴と謂う。令を慢《ゆる》くして期を致す、これを賊と謂う。猶《ひと》しく人に与うるに出内《すいとう》の吝《やぶさか》なる、これを有司《ゆうし》と謂う。

欲仁而得仁、又焉貪、君子無衆寡、無小大、無敢慢、斯不亦泰而不驕乎、君子正其衣冠、尊其瞻視、儼然、人望而畏之、斯不亦威而不猛乎、子張曰、何謂四惡、子曰、不教而殺、謂之虐、不戒視成、謂之暴、慢令致期、謂之賊、猶之與人也、出内之吝、謂之有司、

（堯日第二十―四）

【解説】

行政にたずさわるものの心得をテーマにした孔子と子張の質疑応答であるが、組織の運営・管理にたずさわるものの心得として読むことができる章である。参考になることばがいくつもあるが、とくに「四悪」は現代にも通用するものであり、管理者の四つの注意点といえるだろう。

- **教育・指導をせず、悪いからといって罰すること**
- **あらかじめ注意・警告をせず、よい成績をもとめること**
- **指示・命令がいい加減・不明確なのに、きびしく期限を切ること**
- **当然出すべきものなのに、けちけちと出し惜しみすること**

自分のおこないにこのようなことはないか、あらためてふりかえってみるとよいだろう。

『論語』に学ぶ ―統率と管理―

襟を正す

上に立つものが、みずからの姿勢、おこないを正すことによって、組織を正しい方向に導いてゆくことができる。組織を統率・管理してゆくにも、まずは統率・管理するものが襟を正すべきである。

徳と礼で治める

人々を徳によって導き、礼によって統制してゆく。規則、罰則で管理・規制するのではなく、人徳によって人々を導いてゆく。

抜擢人事

適材を適所に配置する。小さな失敗はとがめない。人材を埋もれさせないためにも、優秀な人物を抜擢する。また、正しい人物を抜擢し、上におくようにする。

ひとりにもとめず

ひとりの人間に必要以上のものをもとめてはならない。人をつかうさいには、その人の能力や特性などにあわせてつかうようにする。

綿密な計画

綿密に計画を立て、慎重に対処し、その計画を成し遂げ、かならず成功をおさめる。そうした姿勢は組織を運営していくさいにももとめられる。

臨機応変

組織をひきいてゆくにも、臨機応変の措置がもとめられる。強引で押しつけるようなことをせず、あくまで柔軟に対応する。

口出ししない

組織において、当事者には当事者の立場・職責があり、そのポストによって役割と責任がある。それを無視して余計な口出しをするべきではない。自分の職責をまっとうに果たすことに全力を傾ける。

Column ④

孔子の給料

孔子はどのくらいの給料をもらっていたのであろうか？ これについては『史記』に次のような記述がある。孔子が魯の国を去って、諸国流浪の旅に出たさい、衛の国で霊公から「魯の国にいたとき、どれだけ俸給をもらっておられたか」と問われた。すると、孔子は「俸粟六萬《ぼうぞくろくまん》なりき」とこたえている。そこで、衛でも孔子に同じ俸禄を支給したという(『史記』孔子世家)。俸粟とは俸禄としてうけとる穀物のこと。六萬とは六万斗、日本量では約六十五石であり、決して多くはない。むしろ小禄である。

孔子の富・財産に対する考えかたは、第二部第二章で見たが、具体的に言及したものとして次の章がある。

「子華、斉《せい》に使いす。冉子《ぜんし》、其の母の為めに粟《ぞく》を請う。子の曰《のたま》わく、これに釜《ふ》を与えよ。益《ま》さんことを請う。曰《のたま》わく、これに庾《ゆ》を与えよ。冉子、これに粟五秉《へい》を与う。子の曰《のたま》わく、赤の斉に適《ゆ》くや、肥馬に乗りて軽裘《けいきゅう》を衣《き》たり。吾れこれを聞く、君子は急を周《すく》うて富めるに継がずと」(雍也第六－四)

子華（公西赤《こうせいせき》のあざな）が使者として斉に行った。冉求は、子華の母親のために穀物をやってほしいとたのんだ。孔子は「釜をやりなさい」という。釜とは六斗四升。これでは少ないので、冉求は増やしてほしいとたのんだ。すると、孔子は「庾をやりなさい」という。庾とは十六斗。冉求は、孔子がわずかしか出そうとしないので、独断で五秉の穀物をあたえた。一秉は百六十斗、庾の十倍である。五秉は八百斗、釜のなんと約百二十五倍、庾の約五十倍である。こうした冉求のやりかたに対して、孔子はこう指摘する。「子華が斉に出かけたとき、肥えた馬に乗り、上等の軽い毛皮を着ていたと聞いている。君子は困っているものを助けるが、裕福なものには上乗せしないものだ」。

第五章

対人と育成

「忠告して善を以てこれを道《みち》びく。不可《ふか》なれば則《すなわ》ち止《や》む」

「己れの欲せざる所は人に施《ほどこ》すこと勿《な》かれ」

「約《やく》を以てこれを失する者は、鮮《すく》なし」

「性《せい》、相《あ》い近し。習えば、相い遠し」

「憤《ふん》せずんば啓《けい》せず。悱《ひ》せずんば発せず」

「朽木《きゅうぼく》は雕《ほ》るべからず、糞土《ふんど》の牆《かき》は杇《ぬ》るべからず」

人と接し、人を育む

孔子は若いころ下級役人としてはたらき、後年は政治家として活躍した。その後、長年にわたり諸国流浪の旅に出た。その過程で、実に多くの人々に出あい、さまざまな立場の人たちと接してきたのである。

人といかに接するべきか、孔子の言動や態度から、人との接しかたや人間関係のありかたを学ぶことができるだろう。

また、孔子は教育者であり、長年、多くの弟子たちの教育に情熱を傾けてきた。弟子たちを指導・育成してきた孔子の教育に対する考えかたや指導法は、現代の人材育成においても大いに活用できるものである。『論語』には弟子たちを指導・育成する孔子のすがたがありありと描かれており、『論語』を通して、人をいかに育ててゆくべきか、その要点を知ることができるだろう。

忠告のさじ加減

―忠告して善《ぜん》を以てこれを道《みち》びく。不可《ふか》なれば則《すなわ》ち止《や》む―

子貢《しこう》が友だちとのかかわりについておたずねした。先生はいわれた。「まごころを尽くし忠告をして善《よ》い方向に導く。それで聞きいれられなければそこでやめる。それ以上をして、自分をはずかしめることにならないことだね」。

子貢、友を問う。子の曰《のたま》わく、忠告して善を以てこれを道《みち》びく。不可《ふか》なれば則《すなわ》ち止《や》む。自ら辱《はずかし》めらるること無かれ。

子貢問友、子曰、忠告而以善道之、不可則止、無自辱焉、

（顔淵第十二―二十三）

【解説】

子貢から友だちとのかかわりについてたずねられ、それにこたえたことばである。相手が間違っていたら、忠告してよい方向へと導いてあげるが、

子貢
姓を端木《たんぼく》、名を賜《し》、あざなを子貢という。孔子より三十一歳年下で、弁論にすぐれた孔子門下の秀才。また商才にもたけた多芸の士でもあった。

聞いてもらえないようだったら、それ以上はしない。しつこく忠告して自分がいやな思いをしないようにするべきだと説く。

友だちにかぎらず、人間関係において、こういった場面に出くわすことはあるものである。アドバイスをしてあげる、ただし、あまりしつこくしないこと。そのさじ加減が重要であり、これこそ人間関係の要諦といえるだろう。

忠告については、弟子の子游《しゆう》のことばに次のようなものがある。

子游がいった。

「君主に仕《つか》えてうるさく何回も諌《いさ》めると、はずかしめをうけることになり、友人にうるさく何回も忠告すると、敬遠されることになるものだ」。

子游《しゆう》が曰わく、君に事《つか》うるに数々《しばしば》すれば、斯《ここ》に辱《はずか》しめられ、朋友に数々すれば、斯に疏《うと》んぜらる。

子游曰、事君數斯辱矣、朋友數斯疏矣、

（里仁第四―二十六）

子游
姓を言《げん》、名を偃《えん》、あざなを子游という。孔子より四十五歳年下で、学問にすぐれた高弟。

【解説】

主君への進言、友人への忠告、どちらも度がすぎるとよい結果にはならないという。

さまざまな場面で、上司に意見をいったり、同僚や部下にアドバイスしたりすることがあるだろう。ただし、意見もアドバイスも状況や加減を考えておこなわなければならない。子游のいうように、なにかにつけてしつこく意見し、むやみに進言していると、上司からはうるさく思われ、疎《うと》まれることになる。同僚や部下への忠告やアドバイスも、度がすぎるとうるさいと思われ、敬遠されることになる。良好な人間関係を保つためにも、やはり進言や忠告のさじ加減が肝要なのである。

何事も信頼されてから

―信ぜられて而《しか》して後《のち》に諫《いさ》む―

子夏《しか》がいった。

「君子は人民に信頼されるようになってから、はじめて人民をつかう。まだ信頼されていないのにつかおうとすると、人民は自分たちを苦しめると思うものだ。また、主君に信頼されてから、はじめて主君を諫《いさ》める。まだ信頼されていないのに諫めると、主君は自分の悪口をいっていると思うものだ」。

子夏が曰わく、君子、信ぜられて而《しか》して後《のち》に其の民を労す。未だ信ぜられざれば則ち以て己れを厲《や》ましむと為《な》す。信ぜられて而して後に諫《いさ》む。未だ信ぜられざれば則ち以て己れを謗《そし》ると為す。

子夏曰、君子信而後勞其民、未信則以爲厲己也、信而後諫、未信則以爲謗己也、

（子張第十九―一〇）

【解説】

何事も信頼されてからおこなうべきだという子夏のことば、人間関係の機微を見抜いたものである。

子夏
姓を卜《ぼく》、名を商《しょう》、あざなを子夏という。孔子より四十四歳年下の若い弟子。学問にすぐれていた。

人からうらまれないためには
―旧悪《きゅうあく》を念《おも》わず。怨《うら》み是《ここ》を用《もっ》て希《まれ》なり―

先生はいわれた。
「伯夷《はくい》・叔斉《しゅくせい》は、人の古い悪事をいつまでも気にかけなかった。だから人からうらまれることはめったになかった」。

子の曰《のたま》わく、伯夷《はくい》・叔斉《しゅくせい》、旧悪を念《おも》わず。怨み是《ここ》を用《もっ》て希《まれ》なり。

子曰、伯夷叔齊、不念舊惡、怨是用希、

（公冶長第五―二十三）

【解説】

悪いことをした人間もそれを改めたら、もうその人のむかしの悪事をとりあげない。そうすれば、他人からうらまれることはないということであろう。

他人からうらまれないようにするための教えとして、次のようなことば

伯夷・叔斉
古代、殷《いん》末にあった孤竹《こちく》という国の君主の息子。伯夷が兄、叔斉が弟である。兄弟で国をゆずりあい、殷の紂《ちゅう》王を討とうとする周の武王を諫《いさ》め、仕官せず、ワラビをとって命をつないだが、やがて餓死した。清廉の士として有名。

もある。

先生はいわれた。

「自分自身をきびしく責め、他人をあまりきびしく責めなければ、他人のうらみは遠ざかるものだよ」。

子の曰《のたま》わく、躬自《みずか》ら厚くして、薄く人を責むれば、則ち怨みに遠ざかる。

子曰、躬自厚、而薄責於人、則遠怨矣、

（衛霊公第十五—十五）

【解説】

「自分にはきびしく、他人には寛大に」。これを実践すれば、他人からうらまれることは少なくなるだろう。

してほしくないことをしないこと

◆「躬自ら厚くして」は、「自分自身の徳を厚くする」と読む説もある。

―己れの欲せざる所は人に施《ほどこ》すこと勿《な》かれ―

仲弓《ちゅうきゅう》が仁についておたずねした。先生はいわれた。

「家の門を出て外で人にあえば、いつでも大切な賓客《ひんきゃく》とあうときのようにし、人民をつかうときには、大切な祭祀《さいし》にお仕《つか》えするような心持ちでする。自分がしてほしくないことを他人にしてはならない。そうすれば国に仕えていても、人からうらまれることはなく、家にいてもうらまれることはないだろう」。

仲弓はいった。

「雍《わたし》は愚かではありますが、このおことばを実行したいと存じます」。

仲弓《ちゅうきゅう》、仁を問う。子の曰《のたま》わく、門を出《い》でては大賓《だいひん》を見るが如くし、民を使うには大祭に承《つか》えまつるが如くす。己れの欲せざる所は人に施すこと勿《な》かれ。邦に在りても怨み無く、家に在りても怨み無し。仲弓が曰《い》わく、雍《よう》、不敏なりと雖ども、

仲弓問仁、子曰、出門如見大賓、使民如承大祭、己所不欲、勿施於人、在邦無怨、在家無怨、仲弓曰、雍雖不敏、請事斯語矣、

仲弓
姓を冉《ぜん》、名を雍《よう》、あざなを仲弓という。貧しい家の出身だったが、誠実で大らかな人柄であり、孔子は高く評価した。

請う、斯《こ》の語を事とせん。

（顔淵第十二―二）

【解説】

「己れの欲せざる所は人に施すこと勿かれ」―自分がしてほしくないことは、他人にもしない。人からうらまれないため、また良好な人間関係を築くための心得の一つといえるだろう。

組織内での接しかた

―朝《ちょう》にして下大夫《かたいふ》と言えば、侃侃如《かんかんじょ》たり―

孔子は朝廷で下級の大夫と話をされるときは、なごやかでおだやかであり、上級の大夫と話をされるときは、つつしみ深く中正であった。君主がおでましになると、うやうやしく、またおちついてゆったりとされた。

◆朝廷の会議に出席するのは上大夫（ランクの高い官吏）と下大夫（ランクの低い官吏）であったが、孔子自身がこのとき上大夫であったか、下大夫で

朝《ちょう》にして下大夫《かたいふ》と言えば、侃侃如《かんかんじょ》たり。上大夫と言えば、誾誾如《ぎんぎんじょ》たり。君在《いま》せば踧踖如《しゅくせきじょ》たり、与与如《よよじょ》たり。

朝與下大夫言侃侃如也、與上大夫言誾誾如也、君在踧踖如也、與與如也、

（郷党第十―二）

【解説】

孔子が朝廷に参内したときの様子である。現代組織にたとえると、部下や同僚、上司、そして組織のトップとの接しかたとなるだろう。

部下や同僚と話すときはなごやかで、うちとけた態度で接する。上司に対してはつつしみ深く。トップとあうときにはうやうやしくふるまうが、それでいて不自然にかたくならず、ゆったりとしている。孔子のこうした態度は、組織内での人との接しかたとして参考になるものである。

あったかについては、諸説あり一定しない。

配慮を忘れずに

―君子に侍《じ》するに三愆《さんけん》あり―

孔子はいわれた。

「君子、目上の人にお仕《つか》えするにあたって、三種の過《あやま》ちがある。まだ発言すべきではないのに発言すること、これを躁《そう》という。もう発言するべきなのに発言しないこと、これを隠《いん》という。相手の顔色を見ずに発言すること、これを瞽《こ》という」。

孔子の曰《のたま》わく、君子に侍《じ》するに三愆《さんけん》あり。言《げん》未だこれに及ばずして言う、これを躁《そう》と謂う。言これに及びて言わざる、これを隠と謂う。未だ顔色を見ずして言う、これを瞽《こ》と謂う。

孔子曰、侍於君子有三愆、言未及之而言、謂之躁、言及之而不言、謂之隱、未見顏色而言、謂之瞽、

（季氏第十六―六）

愆 あやまち。

躁 軽はずみ。せっかち、がさつ。

隠 引っ込み思案。

【解説】

目上の人と対話するさいの過ちを三つあげたものであるが、目上の人にかぎらず、現代にも通じる会話の心得、会話の作法ともいうべきものである。会話の場面においては、相手に対する配慮が欠かせない。これは、むかしもいまもかわらないことである。

鋭い人間観察

—其《そ》の安《やす》んずる所を察すれば、人焉《いずく》んぞ廋《かく》さんや—

先生はいわれた。

「その人物の行動を見て、その行動がどんな理由でなされたかを観察し、その行動のおちつき先を推察すれば、その人はどうして本当の自分を隠せようか、どうして隠せようか」。

子の曰《のたま》わく、其の以《な》す所を視《み》、其の由《よ》る

子曰、視其所以、観其所由、

瞽　目が見えない人。

所を観《み》、其の安んずる所を察すれば、人焉《いず》んぞ廋《かく》さんや、人焉んぞ廋さんや。　察其所安、人焉廋哉、人焉廋哉、

（為政第二―一〇）

【解説】

その人の行動から、最終的にその人の真のすがたまで見抜くという。鋭い人間観察である。

友とすべき人

―益者三友《えきしゃさんゆう》、損者三友《そんしゃさんゆう》―

孔子はいわれた。

「つきあってためになる三種の友人と、つきあうと損になる三種の友人がある。正直な人を友人にし、誠実な人を友人にし、博学な人を友人にするのはためになる。体裁ぶった人を友人にし、人あたりはいいが誠意のない人を友人にし、口先だけうまい人を友人にするのは、損になる」。

孔子の曰わく、益者《えきしゃ》三友、損者三友。直きを友とし、諒《まこと》を友とし、多聞を友とするは、益なり。便辟《べんぺき》を友とし、善柔を友とし、便佞《べんねい》を友とするは、損なり。

孔子曰、益者三友、損者三友、友直、友諒、友多聞、益矣、友便辟、友善柔、友便佞、損矣、

（季氏第十六―四）

【解説】

友を選ぶさいの心得を述べたことばで、現代にも通じるものである。

- **ためになる友人…正直な人、誠実な人、博学な人**
- **損になる友人……体裁ぶった人、人あたりはいいが誠意のない人、口先だけうまい人**

なお、この章の次の章では、ためになる三種の楽しみと、損になる三種の楽しみについて述べている。

- **ためになる楽しみ…礼と音楽を節度をもっておこなう楽しみ、他人の長所をたたえる楽しみ、すぐれた友人をたくさんもつ楽しみ**

便辟　体裁がいいこと。

善柔　人あたりのいい態度やことばで接すること。人あたりはいいが誠意がないこと。

便佞　口がうまい。口先がたっしゃなこと。

・損になる楽しみ……おごりたかぶる楽しみ、怠惰《たいだ》に遊ぶ楽しみ、贅沢《ぜいたく》な飲食の楽しみ

つつましくひかえめに

―約《やく》を以てこれを失する者は、鮮《すく》なし―

先生はいわれた。

「つつましくひかえめにしていれば、失敗することはほとんどないものだ」。

子の曰わく、約を以てこれを失する者は、鮮《すく》なし。

子曰、以約失之者、鮮矣、

（里仁第四―二十三）

【解説】

このことばは、さまざまなことについていえることだが、人と接するさ

◆「約」は驕奢《きょうしゃ》（おごっていて贅沢）に対して倹約の意とする解釈もある。

いにもあてはまることであろう。

他者を思いやる心

―其れ恕《じょ》か―

子貢《しこう》がおたずねしていった。
「一言だけで、一生おこなってゆくべきものがありましょうか」。
先生はいわれた。
「それは恕《じょ》だろうかね。自分がしてほしくないことを他人にしてはならないことだよ」。

子貢問うて曰《い》わく、一言にして以て終身《しゅうしん》これを行なうべき者ありや。子の曰《のたま》わく、其れ恕《じょ》か。己れの欲せざる所、人に施すこと勿《な》かれ。

子貢問曰、有一言而可以終身行之者乎、子曰、其恕乎、己所不欲、勿施於人也、

（衛霊公第十五―二十四）

子貢　姓を端木《たんぼく》、名を賜《し》、あざなを子貢という。孔子より三十一歳年下の弟子。

恕　思いやりや愛情。

【解説】

「己れの欲せざる所、人に施すこと勿かれ」は225頁で見たことばと同じであるが、ここでは恕の内容の説明としてつかわれている。恕とは、他者を思いやる心、思いやりや愛情をいう。社会生活を円滑に送るうえでも、良好な人間関係を構築するうえでも、他者を思いやる心は欠かせない。

そして、恕とともに孔子が高い徳目として掲げているのが仁である。仁は、これまでもたびたび見てきたことばであるが、誠実な思いやりや人間愛など、さまざまな要素を包括した大いなる徳。『論語』には孔子が仁について言及した章が数多くある。

必要不可欠な仁

―民の仁に於《お》けるや、水火よりも甚《はなは》だし―

先生がいわれた。

「人々に仁が必要な度合いは、水や火を必要とするよりもずっと深い

◆孔子または弟子が「仁」にふれている章…述而第七―六(68頁)、泰伯第八―七(77頁)、里仁第四―五(97頁)、学而第一―三(126頁)、子路第十三―二十七

ものがある。水や火に飛び込んで、溺れ死んだり、焼け死んだりする人は見かけるが、仁に踏み込んで死んだ人はまだ見たことがない」。

子の曰わく、民の仁に於けるや、水火よりも甚だし。水火は吾れ蹈《ふ》みて死する者を見る。未だ仁を蹈みて死する者を見ざるなり。

子曰、民之於仁也、甚於水火、水火吾見蹈而死者矣、未見蹈仁而死者也、

（衛霊公第十五―三十五）

【解説】

人間にとって、水や火は欠かすことのできないものである。だが、仁はそれ以上に必要不可欠なものであるという。水や火が過剰になれば死ぬ人もいるが、仁が過剰になっても死ぬ人はいないと仁の必要性を強調している。

なお、この章の次の章では次のように述べている。

「仁に当たりては、師にも譲らず」（衛霊公第十五―三十六）仁をおこなうにあたっては、先生にも遠慮はいらない。子弟の関係をたいへん重く考

（128頁）、泰伯第八―二（133頁）、顔淵第十二―一（139頁）、堯日第二十―四（211頁）、顔淵第十二―二（225頁）、衛霊公第十五―三十五（235頁）、顔淵第十二―三（236頁）、子張第十九―六（274頁）など。

えていたこの時代に、仁についてはこのように述べているのである。

ところで、仁は思いやりなどさまざまな要素を包括した徳であるが、仁とはどのようなものであるかを、弟子たち説いている章がいくつもある。

その人にあわせたアドバイス

―仁者《じんしゃ》は其の言や訒《じん》―

司馬牛《しばぎゅう》が仁の徳についておたずねした。先生はいわれた。

「仁者とは、ことばがすらすら出ない人のことだ」。

司馬牛がいった。

「ことばがすらすら出なかったら、それで仁者といえるのですか」。

先生はいわれた。

「何事も実践するのは難しいものだ。だから、それを口にするときも、すらすらといえないではないか」。

司馬牛《しばぎゅう》、仁を問う。子の曰《のたま》わく、仁者《じんじゃ》は

司馬牛問仁、子曰、仁者其言

司馬牛

姓を司馬、名を耕《こう》、あざなを子牛《しぎゅう》という。孔子の弟子で、宋の出身。おしゃべりであったという。

其の言や訒《じん》。曰《い》わく、其の言や訒、斯《こ》れこれを仁と謂《い》うべきか。子の曰《のたま》わく、これを為《な》すこと難《かた》し。これを言うに訒なること無きを得んや。

也訒、曰、其言也訒、斯可謂之仁已乎、子曰、爲之難、言之得無訒乎、

（顔淵第十二―三）

【解説】

仁について問われた孔子は、司馬牛に対しては「其の言や訒《じん》」とこたえる。つまり、ことばがすらすら出ないことだという。司馬牛は多弁であったので、その癖をなおすため、孔子はやんわりと注意をあたえたのであろう。

この章の前の二章でも、孔子は弟子から仁について問われている。顔淵第十二―一（139頁参照）では、顔淵（顔回）から仁について問われ、「己を克《せ》めて礼に復《かえ》るを仁と為《な》す」とこたえている。つまり、自分にうち克《か》って、礼の規則にたちかえることこそ、仁の徳だという。

顔淵第十二―二（225頁参照）では、仲弓から仁について問われ、「己れの欲せざる所は人に施すこと勿《な》かれ」とこたえている。

顔淵　顔回《がんかい》。姓を顔、名を回、あざなを子淵《しえん》という。孔子より三十歳年少であり、孔子の最愛の弟子。

このように孔子は同じテーマについて、弟子それぞれに回答をかえてアドバイスをしているのである。画一的に教えるのではなく、その弟子にあわせた指導をおこなうというところが、孔子の指導法の特徴といえるだろう。それを明確にあらわしているものとして、次の章がある。

個性に適した柔軟な指導

―求《きゅう》や退《しりぞ》く、故《ゆえ》にこれを進《すす》む。由《ゆう》や人を兼《か》ぬ、故にこれを退く―

子路《しろ》がおたずねした。

「なにか聞いたらすぐにそれを実行しましょうか」。

先生はいわれた。

「父兄がいらっしゃるというのに、どうしてそれをすぐにおこなえようか」。

冉求《ぜんきゅう》がおたずねした。

「なにか聞いたらすぐにそれを実行しましょうか」。

仲弓
姓を冉《ぜん》、名を雍《よう》、あざなを仲弓という。

子路
姓を仲《ちゅう》、名を由《ゆう》、あざなを子路という。孔子より九歳年下で年長の弟子に属する。腕っぷしが強く、気持ちがまっすぐで、それをすぐにあらわす熱情家。

先生はいわれた。

「聞いたらすぐにそれを実行しなさい」。

公西華《こうせいか》がおたずねした。

「子路が『なにか聞いたらすぐにそれを実行しましょうか』とおたずねしたとき、先生は『父兄がいらっしゃるというのに』とおっしゃいました。冉求が『なにか聞いたらすぐにそれを実行しましょうか』とおたずねしたときは、『聞いたらすぐにそれを実行しなさい』とおっしゃいました。わたくしはわからなくなりました。どういうことかお教えください」。

先生はこたえられた。

冉求は消極的だ。だから、うながしたのだ。子路はでしゃばりだ。だから、おさえたのだよ」。


子路問う、聞くままに斯《こ》れ行なわんや。子の曰《のたま》わく、父兄の在《いま》すこと有り、これを如何《いかん》ぞ、其れ聞くままに斯れこれを行なわんや。冉有《ぜんゆう》問う、聞くままに斯れ行

子路問、聞斯行諸、子曰、有父兄在、如之何其聞斯行之也、冉有問、聞斯行諸、子曰、聞斯行之、公西華曰、由也問、

冉求
姓を冉《ぜん》、名を求《きゅう》、あざなを子有《しゆう》という。孔子より二十九歳年下。政治家としての才能があったとされる。

公西華
姓を公西、名を赤《せき》、あざなを子華《しか》という。孔子より四十二歳年下の若い弟子。

なわんや。子の曰わく、聞くままに斯れこれを行なえ。公西華《こうせいか》が曰《い》わく、由《ゆう》や問う、聞くままに斯れ行なわんやと。子の曰《のたま》わく、父兄の在すこと有りと。求《きゅう》や問う、聞くままに斯れ行なわんやと。子の曰わく、聞くままに斯れこれを行なえと。赤《せき》や惑《まど》う。敢《あ》えて問う。子の曰わく、求や退く、故にこれを進む。由や人を兼ぬ、故にこれを退く。

聞斯行諸、子曰、有父兄在、求也問、聞斯行諸、子曰、聞斯行之、赤也惑、敢問、子曰、求也退、故進之、由也兼人、故退之、

（先進第十一―二十二）

【解説】

消極的な冉求と、でしゃばりの子路とでは、まったく反対のこたえをした。その人の性格や特性に応じた教えかたをするという、孔子の柔軟な指導法をあらわした話である。

今日の人材育成においても、画一的な指導だけでなく、その人の個性にあわせた柔軟な指導がもとめられるだろう。孔子の指導法はとても参考に

冉有 冉求。

由 子路の本名。

赤 公西華。

なるものである。

教育の重要性

―これを教えん―

先生が衛《えい》の国に行かれたとき、冉有《ぜんゆう》が御者《ぎょしゃ》をつとめた。先生はいわれた。

「なんと人が多いことだ」。

冉有はおたずねした。

「人口が多くなれば、そのうえになにが必要でしょうか」。

先生はいわれた。

「人々を富ませることだな」。

冉有はおたずねした。

「人々が富むようになれば、そのうえになにが必要でしょうか」。

先生はいわれた。

「教育だよ」。

子、衛に適《ゆ》く。冉有《ぜんゆう》僕たり。子の曰《のたま》わく、庶《おお》きかな。冉有が曰《い》わく、既に庶し。又た何をか加えん。曰《のたま》わく、これを富まさん。曰《い》わく、既に富めり。又た何をか加えん。曰《のたま》わく、これを教えん。

子適衛、冉有僕、子曰、庶矣哉、冉有曰、既庶矣、又何加焉、曰富之、曰既富矣、又何加焉、曰教之、

（子路第十三—九）

【解説】

人民を富ませ、生活水準を引き上げる。そのうえで教育水準を高めることが必要であるという。いつの時代も教育の重要性はかわらない。

人はみな磨けば光る

—性《せい》、相《あ》い近し。習えば、相い遠し—

先生はいわれた。

「人の生まれつきの素質にはそんなに差はない。ただ、生まれたあと

冉有
冉求。239頁参照。

◆孔子が魯国から衛国に亡命したとき、律儀な門弟で、孔子の信頼の厚かった冉有(冉求)が御者をつとめた。衛の国の市中を通っていたとき、はじめて見る都のにぎわいを、車上からながめた孔子の第一印象は人出が多いということであった。しかし、よく見ると市民たちのなかには、かならずしも魯国の市民にくらべてあまり生活が豊かでなさそうなものもいる。そこで孔子は、もっと富裕にしなければならない、さらには教育を高めなければならないと考えた。

の習慣・学習によって距離が生じ遠く離れるのだよ」。

子の曰《のたま》わく、性、相《あ》い近し。習えば、相い遠し。

子曰、性相近也、習相遠也、

（陽貨第十七―二）

【解説】

人は、もともとそなわった素質ではなく、習慣や学習によって差がついてゆくようになるという。

学習を積み重ねてゆけば、人はかならず成長してゆくものである。学習を怠《おこた》ったり、積み重ねてゆかなかったりする人間とは、差がついてゆくのは当然であろう。

ちなみに、このあとに「唯《た》だ上知《じょうち》と下愚《げぐ》とは移らず」ということばがある。これは、「ただ、最上の知者と最下の愚者だけは、習いによって変化しない」というものである。

この「上知」、「下愚」は例外的なものと考えられよう。多くの人は、「上知」、「下愚」のどちらでもない。とすれば、やはり習慣や教育が重要

性　もともとの素質。

となるであろう。
教育の重要性については、次のようなことばもある。
先生はいわれた。
「人は教育による違いはあるが、生まれつきの類別はない」。

子の曰わく、教えありて類なし。

子曰、有教無類、

（衛霊公第十五―三十九）

【解説】

身分にかかわらず、だれでも教育によって立派な人物になれるということである。

主体性を育てよう

―憤《ふん》せずんば啓《けい》せず。悱《ひ》せずんば発せず―

類 貴賤《きせん》の身分。人間の種類、等級。

先生はいわれた。
「知りたい気持ちで心がふくれるくらいでなければ、指導しない。いいたいことが口に出かかってむずむずしているくらいでなければ、教示しない。一つの隅をとりあげて示すと、残りの三つの隅にも反応してこたえてこなければ、くりかえすことはしない」

子の曰わく、憤《ふん》せずんば啓《けい》せず。悱《ひ》せずんば発せず。一隅《ぐう》を挙げてこれに示し、三隅を以て反《か》えらざれば、則ち復《ま》たせざるなり。

子曰、不憤不啓、不悱不發、舉一隅而示之、不以三隅反、則吾不復也、

（述而第七―八）

【解説】

「憤せずんば啓せず。悱せずんば発せず」という句が「啓発」という熟語の語源になっているという。

孔子の指導は、弟子が自分で問題を見つけ、それを解こうとするようになってはじめて、指導をおこなうというものであった。孔子は、弟子それ

憤　心がいっぱいになること。心が疑問でふくれあがる。

悱　いいたいことが口に出かかっているさま。

ぞれの自発性を重視した。みずから考え、主体的に学ぶという姿勢を育てる指導は、現代においても必要なものであろう。いや、むしろ現代においてこそ、重要な意味をもつのではないだろうか。

問題意識をもつこと

―如之何《いかん》、如之何《いかん》と曰《い》わざる者は、吾れ如之何《いかん》ともすること末《な》きのみ―

先生がいわれた。

「『どうしたらいいのか、どうしたらいいのか』と悩みたずねないものは、わたしにはどうしてやることもできないね」。

子の曰わく、如之何《いかん》、如之何《いかん》と曰《い》わざる者は、吾れ如之何《いかん》ともすること末《な》きのみ。

子曰、不曰如之何如之何者、吾末如之何也已矣、

（衛霊公第十五―十六）

【解説】

これまで見てきたように、孔子は画一的に教義を教え込むのではなく、弟子の問いにこたえるかたちで指導をおこなっている。このことばは、弟子自身の問題意識や知への欲求に重点をおいていたことを示すものである。

モチベーションを高める
ー朽木《きゅうぼく》は雕《ほ》るべからず、糞土《ふんど》の牆《かき》は杇《ぬ》るべからずー

宰予《さいよ》が怠《なま》けて昼間から奥の間に引きこもって寝ていた。先生はいわれた。

「くさった木には彫刻はできない。泥土の垣根には上塗りはできない。宰予に対して、叱ってもしようがない」。

また先生はいわれた。

「わたしはいままで他人に対して、そのことばを聞くと、その行動もそのとおりだと信じてきた。これからは他人に対して、そのことばを聞

宰予
姓を宰、名を予、あざなを子我《しが》（宰我《さいが》ともよばれる）といい、孔子より二十九歳年下の弟子。能弁家だが、たびたび孔子に叱責されている。

いて、その行動もよく見ることにした。宰予のことをきっかけに、このように態度を改めたのだ」。

宰予《さいよ》、昼寝《ひるい》ぬ。子の曰《のたま》わく、朽木《きゅうぼく》は雕《ほ》るべからず、糞土《ふんど》の牆《かき》は杇《ぬ》るべからず。予《よ》に於《お》いてか何ぞ誅《せ》めん。子の曰わく、始め吾れ人に於けるや、其の言《げん》を聴きて其の行《こう》を信ず。今吾れ人に於けるや、其の言を聴きて其の行を観《み》る。予に於いてか是れを改む。

宰予晝寢、子曰、朽木不可雕也、糞土之牆、不可杇也、於予與何誅、子曰、始吾於人也、聽其言而信其行、今吾於人也、聽其言而觀其行、於予與改是、

（公冶長第五―一〇）

【解説】

怠けた弟子の宰予に対して、孔子は強く叱責する。くさった木に彫刻してもボロボロになって意味がない。ボロボロになった土の垣根に上塗りしても修復できず無駄なこと。見込みのない人間をしかってもしようがない。とてもきびしいことばである。

◆「昼寝ぬ」の解釈、また昼寝ぐらいで、これほどまでに孔子が激怒した理由については、さまざまな解釈がある。

部下・後輩等を指導する場合にも、その部下にやる気がなければ、いくら指導しても意味がない。だからといって見捨てるというわけではない。まずは部下のやる気、モチベーションを高めることからはじめるべきである。そのためには部下のやる気を高める、また前項で見た問題意識を引き出す工夫や努力が重要となるだろう。

段階的な教育
―君子の道は孰《いず》れをか先きにし伝え、孰れをか後にし倦《う》まん―

子游《しゆう》がいった。

「子夏《しか》の弟子の若ものたちは、掃除、客の対応、客の扱いをやらせるとよくできる。しかし、これらは瑣末《さまつ》なことだ。本質的なこととなると、なにもない。これはいかがなことか」。

子夏がこれを伝え聞いていった。

「ああ、子游はまちがっている。君子への道は、なにを先に教え、な

子游
姓を言《げん》、名を偃《えん》、あざなを子游という。
220頁参照。

にをあとから教えるかにある。たとえば、草木を植えるにも、その種類によって育てかたはまちまちであるようなものだ。君子への道は、はじめから高尚なことを無理やり教えてごまかせるものだろうか。はじめも終りもすべてをそなえているというのは聖人だけだろうね」。

子游《しゆう》が曰《い》わく、子夏の門人小子《しょうし》、洒掃《さいそう》応対進退に当たりては則ち可《か》なり。抑〻《そもそも》末なり。これを本《もと》づくれば則ち無し。これを如何《いかん》。子夏これを聞きて曰《い》わく、噫《ああ》、言游過《げんゆうあやま》てり。君子の道は孰《いず》れをか先きにし伝え、孰れをか後にし倦《う》まん。諸《こ》れを草木の区して以て別あるに譬《たと》う。君子の道は焉《いずく》んぞ誣《し》うべけんや。始め有り卒《お》わり有る者は、其れ唯《た》だ聖人か。

子游曰、子夏之門人小子、當洒掃應對進退則可矣、抑末也、本之則無、如之何、子夏聞之曰、噫、言游過矣、君子之道、孰先傳焉、孰後、倦焉、譬諸草木區以別矣、君子之道、焉可誣也、有始有卒者、其唯聖人乎、

（子張第十九―十二）

【解説】

子夏 姓を卜《ぼく》、名を商《しょう》、あざなを子夏という。222頁参照。

子夏の弟子は瑣末な仕事はできるが、本質的なことはわかっていないという子游の批判に対して、子夏は反論する。子夏は、まずは具体的で身近な仕事、礼儀作法を教えることからはじめ、弟子の資質や特性にあわせ段階的にレベルを引き上げていくのだという。つまり段階的な教育である。

この子夏の主張する段階的な教育も、現代の人材育成において活用すべきものといえるだろう。

さりげない教育法

―又た君子の其《そ》の子を遠ざくるを聞く―

陳亢《ちんこう》が孔子の息子の伯魚《はくぎょ》にたずねていった。

「あなたは、父上からなにか特別なことを聞かれたことがありますか」。

伯魚はこたえていった。

「いえ、別にございません。ただ、あるとき父がひとり部屋のなかに立っていましたとき、わたくしが小走りに庭を通りますと、父は『詩を学んだか』といわれました。わたくしが『まだです』とこたえていうと、

陳亢
詳細は不詳。

伯魚
孔子の息子、孔鯉《こうり》のあざな。五十歳で孔子より先に死亡し、孔子を悲しませた。

『詩を学ばなければ、ちゃんとものがいえないよ』といわれました。それでわたくしは自室にもどって詩を勉強しました。また別のあるとき、父がやはりひとり部屋のなかに立っていましたとき、わたくしが小走りに庭を通りますと、父は『礼を学んだか』といわれました。わたくしが『まだです』とこたえていうと、『礼を学ばなければ、ちゃんとやってはゆけないよ』といわれました。それでわたくしは自室にもどって礼を勉強しました。わたくしが、父から聞いたのはこの二つのことだけです」。

陳亢は家に帰るとよろこんでいった。

「一つのことをたずねて、三つのことを得ることができた。詩のことを聞き、礼のことを聞き、さらに君子はわが子に距離をとって教育することを聞いた」。

陳亢《ちんこう》、伯魚《はくぎょ》に問うて曰《い》わく、子《し》も亦た異聞ありや。対《こた》えて曰《い》わく、未《いま》だし。嘗《かつ》て独《ひと》り立てり。鯉《り》趨《はし》りて庭を過ぐ。曰《のたま》わく、詩を学びたりや。対えて曰《い》わく、未《いま》だし。詩を学ばずんば、以て言

陳亢問於伯魚曰、子亦有異聞乎、對曰、未也、嘗獨立、鯉趨而過庭、曰、學詩乎、對曰、未也、曰、不學詩無以言也、鯉退而學詩、他日又獨立、鯉

詩 『詩経』。

うこと無し。鯉退きて詩を学ぶ。他日又た独り立てり。鯉《り》趨《はし》りて庭を過ぐ。曰《のたま》わく、礼を学びたりや。対えて曰《い》わく、未だし。礼を学ばずんば、以て立つこと無し。鯉退きて礼を学ぶ。斯《こ》の二者《にしゃ》を聞けり。陳亢退きて喜びて曰《い》わく、一を問いて三を得たり。詩を聞き、礼を聞き、又た君子の其の子を遠ざくるを聞く。

趨而過庭、曰、學禮乎、對曰、未也、不學禮無以立也、鯉退而學禮、聞斯二者、陳亢退而喜曰、問一得三、聞詩、聞禮、又聞君子之遠其之也、

（季氏第十六―十三）

【解説】

当時は、身分ある人は自分の子どもを直接教えないのが、礼だとされていた。だから孔子は、子どもに直接教えることをせず、日常生活の一コマのなかで、さりげなく大事なことを息子に伝えたのである。実にみごとな、そして実にさりげない教育法である。

『論語』に学ぶ ―対人と育成―

進言と忠告

上司への進言、友人への忠告、どちらも度がすぎてはならない。良好な人間関係を保つためにも、進言や忠告のさじ加減が肝要である。

自分にきびしく

自分にはきびしく、他人には寛大にするようつとめる。また、自分がしてほしくないことは、他人にもしないこと。

思いやる心

社会生活を円滑に送るうえでも、良好な人間関係を構築するうえでも、他者を思いやる心は欠かせない。

柔軟な指導

人材育成において、画一的な指導だけでなく、その人にあわせたアドバイス、その人にあわせた柔軟な指導がもとめられる。

磨けば光る

人は、もともとそなわった素質ではなく、習慣や学習によって差がついてゆくようになる。学習を積み重ねてゆけば、人はかならず成長してゆくものである。

自発性を重視

その人それぞれの自発性を重視する。みずから考え、主体的に学ぶという姿勢を育てる指導が大切である。

モチベーションを高める

部下のやる気、モチベーションを高めることからはじめる。そのためには、部下のやる気を高める、問題意識を引き出す工夫や努力が重要となる。

Column ⑤

孔子と音楽

孔子は音楽を愛した。第一部（25 頁）でとりあげたが、「先生は斉の国で韶《しょう》の音楽を聞かれ感動して、三カ月、肉の味さえわからなくなられた」（述而第七－十三）というほど、斉で聞いた音楽に感動している。

楽＝音楽は、当時の必須の教養とされた六芸の一つであった。『論語』には音楽に言及している章がいくつもあるが、孔子は音楽をとても重視した。かれは、こう語っている。

「詩に興《お》こり、礼に立ち、楽《がく》に成る」（泰伯第八－八）

「詩（『詩経《しきょう》』）を学ぶことによってふるいたち、礼を学ぶことによって自立し、音楽によって人の教養は完成する」としている。『詩経』を学び、礼を学ぶ。そして、最終段階において、美しい音楽を聞いて、すべてが調和した境地に浸る。そうすることによって、人間としての教養は完成するのだという（第三部 328 頁参照）。また、次のようにも述べている。

「紫の朱を奪うを悪《にく》む。鄭声《ていせい》の雅楽《ががく》を乱るを悪む。利口の邦家《ほうか》を覆《くつがえ》すを悪む」（陽貨第十七－十八）

紫色が朱（赤）色を圧倒するのをわたしは憎む。鄭の国の音楽が雅楽を乱すのをわたしは憎む。口のうまい野心家が国家を混乱させることをわたしは憎む、というものである。他の色と混ざっていないものを正色《せいしょく》といい、朱（赤）色は正色である。そして、二つ以上の色を混ぜ合わせたものを間色《かんしょく》といい、赤と青を混ぜ合わせた紫は間色である。古代は正色が尊ばれたが、しだいに間色が尊ばれるようになっていった。孔子は、純粋なものより混ぜ合わせたもののほうが価値が高くなってゆく風潮を嫌った。

音楽も、優美な雅楽（古典音楽）はしだいに人気がなくなり、感情をあおりたてる鄭の音楽が盛んになってゆくことを嫌った。孔子は雅楽、いまでいえばクラシックを好んだのだろう。孔子は、伝統を重んじ、純粋で調和的な文化や芸術を愛したのである。

第六章

勉学と成長

「学びて時にこれを習う、亦《ま》た説《よろこ》ばしからずや」

「女《なんじ》、君子の儒《じゅ》と為《な》れ。小人の儒と為ること無かれ」

「故《ふる》きを温《あたた》めて新しきを知る、以《もっ》て師《し》と為《な》るべし」

「これを知る者はこれを好む者に如《し》かず」

「学んで思わざれば則《すなわ》ち罔《くら》し。
思うて学ばざれば則ち殆《あや》うし」

「我れ三人行なえば必らず我が師を得《う》」

「衆《しゅう》これを悪《にく》むも必らず察《さっ》し、衆これを好むも必らず察す」

成長のための学び

「吾れ十有《ゆう》五にして学に志《こころざ》す」、有名なことばであるが、孔子は、不遇な少年時代を乗り越え、学問で身を立てようと決意し、学問に志した。

貧しい孔子は、学校での教育をうけることなく、みずから多くの師をたずねて教えをうけた。そして理想の社会の到来をめざし、その生涯を学びつづけ、また教えつづけたのである。

さまざまな学びを経験してきた孔子の勉学に対する考えや態度、その学習法は、現代のわれわれの学びにも大いに役立つものであり、実践してゆくべきものといえるだろう。

そして、みずからを成長させてゆくためには、どのように勉学に取り組んでゆくべきなのか、そのこたえを『論語』に見出すことができるであろう。

学ぶことのすばらしさ

—学びて時にこれを習う、亦《ま》た説《よろこ》ばしからずや—

先生がいわれた。

「学んでは、適当な時期に復習をする。なんとよろこばしいことではないかね。友だちが遠くからたずねてくる。なんと楽しいことではないかね。人が認めてくれなくても気にかけない。それこそ君子ではないかね」。

子《し》の曰《のたま》わく、学びて時にこれを習う、亦《ま》た説《よろこ》ばしからずや。朋《とも》あり、遠方より来たる、亦た楽しからずや。人知らずして慍《うら》みず、亦た君子《くんし》ならずや。

子曰、學而時習之、不亦說乎、有朋自遠方來、不亦樂乎、人不知而不慍、不亦君子乎、

（学而第一—一）

君子　ひとかどの立派な人物。

【解説】

『論語』二十篇の巻頭を飾る有名なことばである。

さまざまなことを学び、その学んだことを、適当な時期に復習する。そのたびに理解が深まり身についていくのは、よろこばしいことである。学びの仲間が遠方からたずねてくる。学びについて語りあい、共感しあうのは楽しいことである。こうしたよろこびや楽しみがあるのだから、人が自分のことを認めなくても気にかけない。これこそ君子であるという（君子については第二部第三章参照）。

孔子は、学ぶことの難しさやたいへんさ、努力がいることなどを述べているが、この巻頭では、学ぶことのよろこびと楽しさ、学ぶことのすばらしさを語っているのである。

まずは人格を磨くことから

―行ないて余力《よりょく》あれば、則《すなわ》ち以《もっ》て文を学ぶ―

先生がいわれた。

「若い諸君たち。家のなかでは父母に孝行を尽くし、家の外では年長者に従順につかえ、言動には気をつけて誠実に実行し、広く大勢の人たちとわけへだてなくつきあい、人格者と親しむようにすること。これだけのことを実践して、まだ余力があったら、書物を学びなさい」。

子の曰わく、弟子《ていし》、入《い》りては則《すなわ》ち孝、出《い》でては則ち弟《てい》、謹しみて信あり、汎《ひろ》く衆を愛して仁に親しみ、行ないて余力あれば、則ち以て文を学ぶ。

子曰、弟子入則孝、出則弟、謹而信、汎愛衆而親仁、行有餘力、則以學文、

（学而第一—六）

【解説】

身近な人とのかかわりに留意し、そして慎重で誠実であること。さらには広く多くの人たちとの交流が大事であると説く。そうすることによって、人間性を高め、人格を磨く。そのうえで、はじめて書物による学問をせよということであろう。

書物　ここでは『詩経』などの古典。

まずは人格を磨くこと。大事なことである。

自己を成長させるために学ぶ
―女《なんじ》、君子の儒《じゅ》と為《な》れ。小人の儒と為ること無かれ―

先生が子夏に向かっていわれた。

「おまえは視野の広い大らかな君子としての学者になりなさい。こせこせとしたつまらない小人の学者にはならないようにな」。

子《し》、子夏に謂いて曰《のたま》わく、女《なんじ》、君子の儒《じゅ》と為《な》れ。小人の儒と為ること無かれ。

子謂子夏曰、女爲君子儒、無爲小人儒、

(雍也第六―十三)

【解説】

これは子夏に対する戒《いまし》めのことばとされている。子夏は文学(学問)にすぐれていたが、瑣末《さまつ》なことにこだわる傾向があった。子張第十九―十二

子夏

姓を卜《ぼく》、名を商《しょう》、あざなを子夏という。孔子より四十四歳年下の若い弟子。学問にすぐれていた。

◆君子の儒、小人の儒には、さまざまな説がある。君子の儒は賢者でその大を識《し》るもの、小人の儒は不賢者でその小を識るものなど。

では、子夏の弟子は瑣末な仕事はできるが、本質的なことはわかっていない、と子游に批判されている（２４９頁参照）。孔子はこの弱点をよく見抜いて発破をかけたものと考えられる。世間の評判を気にするような、こせこせとしたつまらない学者でなく、視野の広い大らかな学者となれ。また、そのためにも自己を成長させるために学問をおこなえという意味があるのだろう。

みずからのために学問をおこなえとすることばには、次のようなものがある。

先生がいわれた。
「むかしの学者は自分のために勉強し、いまの学者は人に名を知られるために勉強する」。

子の曰わく、古《いにし》えの学者は己れの為めにし、今の学者は人の為めにす。

子曰、古之學者爲己、今之學者爲人、

（憲問第十四—二十五）

【解説】

社会的地位や名声を得るために学ぶ学者を批判したものである。これは学者にかぎらず、二千数百年後の「いま」を生きる、学ぶものすべてにあてはまることばである。だれかのために学ぶのではなく、あくまで自分の成長のために学ぶのである。

古典を学び、いまを知る

―故《ふる》きを温《あたた》めて新しきを知る、以《もっ》て師《し》と為《な》るべし―

先生がいわれた。

「古いことを深く探求して習熟し、そこから現代に応用できる新しいものを知る。それができる人こそ、人の師となれる」。

子の曰わく、故《ふる》きを温《あたた》めて新しきを知る、以て師と為《な》るべし。

子曰、溫故而知新、可以爲師矣、

温

「温」はもともと冷えた食物をあたためる

（為政第二―十一）

【解説】

「温故知新《おんこちしん》」、よく知られたことばである。歴史や古典を学び、そこからいまに通用する新しいものを見出すというものである。

古典を学ぶことの意義は大きい。なぜなら、そこには先人たちの知恵が凝縮されているからだ。古典には、長い歴史に裏打《うらう》ちされた、普遍的な価値がある。古《いにしえ》の人々がどのように考え、行動し、どう生き抜いてきたかを知ることによって、いまという時代が見えてくる。そして古典を追究すれば、いまにも通じる新しい発見があるだろう。

知識は先天的にそなわっていない

―古《いにし》えを好み、敏《びん》にして以てこれを求めたる者なり―

先生がいわれた。

「わたしは生まれながらにして知識をもっているものではない。古代

ること。「温」を「たずねる」と訳す説もある。

のことを好み、懸命に探究しているものだ」。

子の曰《のたま》わく、我れは生まれながらにしてこれを知る者に非ず。古えを好み、敏《びん》にして以てこれを求めたる者なり。

子曰、我非生而知之者、好古敏以求之者也、

（述而第七―十九）

【解説】

孔子は、自分の知識は生まれながらにそなわっているものではなく、学びの積み重ねによって習得したものであるとしている。そして、古代のこと、歴史・古典を好み、そのなかから道理や法則などを探求しつづけてきたと述べている。

このことばに通じるものとして、次の章がある。

自発的・積極的に学ぶ

—生まれながらにしてこれを知る者は上《かみ》なり—

孔子がいわれた。

「生まれながらにして、もの知りなものがもっとも上である。学んで知るものがその次である。困難を感じつつ、しいて学ぶものはまたその次である。困難を感じて、しいて学ぼうとしないものはもっとも下である」。

孔子の曰《のたま》わく、生まれながらにしてこれを知る者は上《かみ》なり。学びてこれを知る者は次ぎなり。困《くるし》みてこれを学ぶは又た其の次ぎなり。困みて学ばざる、民斯《こ》れを下《しも》と為《な》す。

孔子曰、生而知之者、上也、學而知之者、次也、困而學之、又其次也、困而不學、民斯爲下矣、

（季氏第十六—九）

【解説】

「生まれながらにしてこれを知る者」が最高というが、これはいわゆる

天才のことで、ごく少数の人のことであろう。学んで知るもの、しいて学ぶものがほとんどではないだろうか。孔子自身は、「我れは生まれながらにしてこれを知る者に非ず（述而第七―十九）」（266頁参照）といっているように、学んで知るものにランクすることになるだろう。そして、「性《せい》、相《あ》い近し。習えば、相い遠し（陽貨第十七―二）」（243頁参照）とも述べているように、人の生まれつきの素質には差はなく、生まれたあとの習慣・学習によって差がつくとしている。だれでも主体的に、積極的に学んでさえゆけば、成長できるというのが孔子の基本的な考えかたといえよう。

また、「困《くるし》みてこれを学ぶ」は、必要に迫られて学ぶ、または勉強に困難を感じつつも無理に学ぶという解釈ができるが、どちらも自発的ではなく、他動的でしかたなく学ぶという意味あいが強い。学ぶさいには、自発的、積極的に学びたいものである。

見聞を広げること

―多く聞きて其《そ》の善《よ》き者を択《えら》びてこれに従い、多く見てこれを識《しる》すは、知るの次《つ》ぎなり―

先生がいわれた。

「世のなかには、知らないままに創作するものがいるようだ。わたしはそんなことはしない。わたしは、できるだけ多くの意見を聞いて、そのなかから善《よ》いものを選んでそれにしたがう。できるだけ多くのものを見て、それを記憶しておく。それはもの知りではないまでも、その次の段階だ」。

子の曰わく、蓋《けだ》し知らずしてこれを作る者あらん。我れは是れ無きなり。多く聞きて其の善き者を択びてこれに従い、多く見てこれを識《しる》すは、知るの次《つ》ぎなり。

子曰、蓋有不知而作之者、我無是也、多聞擇其善者而從之、多見而識之、知之次也、

（述而第七―二十七）

【解説】

孔子は、いろいろな人の意見に耳を傾け、それらの意見を比較検討し、納得のいくものを採用する。つねにさまざまなものを見てはそれを記憶にとどめるのだという。

多くを聞き、多くを見ては、見聞を広げる。いつの時代にももとめられる大事な姿勢である。

広く学ぶということについては、次の章がある。

専門にこだわらず広く学ぶこと

—博《ひろ》く学びて名を成す所なし—

達巷《たっこう》の村の人がいった。

「偉大なおかただ、孔子先生は。広くいろいろなことを学びながら、なにひとつ決まった専門家としての名声をおもちにならないのだから」。

先生はこれを聞かれて、門弟たちにこういわれた。

名を成す 一人前の専門家になること。専門家として名声を得ること。

達巷 地名だが、所在地は不明。

「それでは、わたしはなにを専門にしようかな。御者《ぎょしゃ》になろうか。それとも射手《しゃしゅ》になろうか。いや、わたしはやはり御者になろう」。

達巷党《たつこうとう》の人の曰《い》わく、大《だい》なるかな孔子、博く学びて名を成す所なし。子これを聞き、門弟子《もんていし》に謂《い》いて曰《のたま》わく、吾れは何をか執《と》らん。御《ぎょ》を執らんか、射《しゃ》を執らんか。吾れは御を執らん。

達巷黨人曰、大哉孔子、博學而無所成名、子聞之、謂門弟子曰、吾何執、執御乎、執射乎、吾執御矣、

（子罕第九―二）

【解説】

孔子は、限定されたせまい専門分野で名を得ようとはせず、広く学び、博学で知識が豊富であった。達巷の集落の人は、そんな孔子に偉大さを感じ、深く感嘆したのである。

専門にとらわれない。幅広く学ぶ。こうした学びの態度も必要であろう。

◆文・武の一芸に習熟して専門家として世に立とうとするのが、当時の風潮であった。

好むこと、楽しむこと

―これを知る者はこれを好む者に如《し》かず。これを好む者はこれを楽しむ者に如かず―

先生がいわれた。

「物事を知り理解するものは、それを好むものにはかなわない。好むものは、それを楽しむものにかなわないね」。

子の曰わく、これを知る者はこれを好む者に如《し》かず。これを好む者はこれを楽しむ者に如かず。

子曰、知之者不如好之者、好之者不如樂之者、

（雍也第六―二〇）

【解説】

「知ること」よりも「好むこと」が上。さらに「好むこと」より「楽しむこと」が上だという。学ぶうえで、物事を知り、理解するという段階は

まだまだ。好むという段階、さらに楽しむという段階が理想ということである。

孔子は、述而第七—十九で「古《いにし》えを好み」（266頁参照）といっているように、「古え」に興味をもち、それを好んで学びを追究した。おもしろい、さらには楽しいという心のはたらきが学びを深めるのだろう。

学問を好むということについては、子夏の次のようなことばがある。

学問を好むということ

—学を好むと謂《い》うべきのみ—

子夏《しか》がいった。

「日に日に、自分に欠けている知識はなにかを知ろうとし、月々に自分が知り得たことを忘れないようにする、これが学問を好むことといえるだろう」。

子夏が曰わく、日々に其の亡《な》き所を知

子夏曰、日知其所亡、月無忘

子夏
姓を卜《ぼく》、名を商《しょう》、あざなを子夏という。孔子より四十四歳年下の若い弟子。学問にすぐれていた。

り、月〻に其の能くする所を忘るること無し。学を好むと謂うべきのみ。

其所能、可謂好學也已矣、

（子張第十九―五）

【解説】

毎日、新しいことを知ろうと努力し、毎月、積み重ねてきた知識を忘れないようにと心にとめる。これこそ、学問や研究の道というべきものである。この章以降、子夏の学問論ともいうべき発言がつづく。

子夏がいった。

「広く学んでしっかりと記憶し、切実な問題意識をもって身近なことについて考える。こうしたなかから仁徳が生まれる」。

子夏が曰わく、博《ひろ》く学びて篤《あつ》く志し、切《せつ》に問いて近く思う、仁其の中《うち》に在り。

子夏曰、博學而篤志、切問而近思、仁在其中矣、

（子張第十九―六）

子夏がいった。
「職人たちは店にいて、その仕事を完成させる。君子は学んで、その道に到達する」。

子夏が曰わく、百工、肆《し》に居て以て其の事を成す。君子、学びて以て其の道を致す。

子夏曰、百工居肆以成其事、
君子學以致其道、

（子張第十九―七）

【解説】

職人は、店・作業場で日々の努力を積み重ねてモノを完成させる。君子・学者は、日々の学問の積み重ねによって道に到達する。職人と君子・学者の共通性に着目したおもしろい発言であるが、どちらも日々の積み重ねによって成すことができるのだという。何事にもいえることであろう。

百工　もろもろの職人。

肆　店。

学ぶことと考えること
—学んで思わざれば則《すなわ》ち罔《くら》し—

先生がいわれた。
「書物や先生から学んでも考えなければ、まとまらずはっきりしない。考えるだけで学ばなければ、独善的になって危険である」。

子の曰わく、学んで思わざれば則《すなわ》ち罔《くら》し。思うて学ばざれば則ち殆《あや》うし。

子曰、學而不思則罔、思而不學則殆、

（為政第二—十五）

【解説】

学ぶことの基本姿勢を述べたことばだが、いつの時代にもあてはまるものである。学ぶだけで考えなければ、あいまいではっきりしない、どうつかえばよいかわからない状態。一方、考えるだけで学ばなければ、独善的になる。客観的でなくなり、危《あや》うく不安定であるという。

罔し　ぼんやりとして、はっきりしないこと。

殆うし　危《あや》うし、不安。不安定。

現代社会では、知識や情報を得ようと思えば、あっという間に簡単に手にいれられる。ただし、その知識や情報を整理しなければ、つかいこなすことはできない。自分の頭で考えなければ、理解は深まらないし、身につくものとはならない。逆に考えるばかりで、知識や情報を得ようとしなければ、独りよがりなものになってしまう。

「学ぶこと」と「考えること」、この二つは、車の両輪のようなもの。どちらも欠かしてはならないのである。

学ぶことと考えることについては、孔子自身が次のような体験をしている。

先生がいわれた。

「わたしはかつて、一日中、食事をせず、一晩中、眠らずに考えつづけたことがある。しかし、まったく効果はなかった。やはり学ぶことにはおよばないね」。

子の曰わく、吾れ嘗《かつ》て終日食《く》らわず、終夜寝《い》ねず、以て思う。益《えき》なし。学ぶに如《し》

子曰、吾嘗終日不食、終夜不寝、以思、無益、不如學也、かざるなり。

（衛霊公第十五―三十一）

【解説】

孔子は、食べず、眠らずに思索をつづけたが、なにも得ることはなく、学ぶことの大切さをしみじみ感じた。このみずからの体験をふまえて一般化して述べたのが「学んで思わざれば則《すなわ》ち罔《くら》し。思うて学ばざれば則ち殆《あや》うし」の発言である。

文化的教養を身につける

―博《ひろ》く文を学びて、これを約《やく》するに礼を以《もっ》てせば、亦た以て畔《そむ》かざるべきか―

先生がいわれた。

「君子は広く文化的教養を身につけ、これを礼によってひきしめてゆくなら、道からはずれることはないだろうね」。

子の曰《のたま》わく、君子、博《ひろ》く文を学びて、これを約するに礼を以てせば、亦た以て畔《そむ》かざるべきか。

子曰、君子博學於文、約之以禮、亦可以弗畔矣夫、

（雍也第六―二十七）

【解説】

「博《ひろ》く文を学びて」の「文」は、古典などの文献だけでなく、広く文化的な事柄もさすという。まずは、さまざまな文化的事柄を幅広く学び、文化的な知識・教養を身につける。そのうえで、礼にしたがい実践してゆく。そうすれば道からはずれることはないということである。

広く文化的教養を身につける。現代のわれわれにとっても大事なことである。しかし、一方で教養だけあっても役に立たないという次の発言がある。

教養は仕事をしてくれない

―詩三百を誦《しょう》し、これに授《さず》くるに政《せい》を以《もっ》てして達せず―

先生がいわれた。

「『詩経』の三百篇を暗誦できても、その人物に政治の要務をやらせても、うまくこなせない。外交使節をやらせても、みずからの判断で応対できない。これでは、いくら多くの教養があっても、なんの役に立とうか」。

子の曰《のたま》わく、詩三百を誦《しょう》し、これに授《さず》くるに政《せい》を以てして達せず、四方に使いして専《ひと》り対《こた》うること能《あた》わざれば、多しと雖ども亦た奚《なに》を以て為《な》さん。

子曰、誦詩三百、授之以政不達、使於四方不能專對、雖多亦奚以爲、

（子路第十三―五）

【解説】

詩三百
『詩経』収録の三百篇。現在の『詩経』は三百五篇から成っている。

専り対うる
外交使節として他国に行き、みずからの判断で応対すること。

いくら深い教養があっても、それを仕事に生かすことができなければ、役に立たない。実践に生かしてこその教養。実践としての学問を重視した孔子らしいことばである。

教養は仕事をしてくれない。教養をいかに活用するか、ここが肝要である。

他者を師とせよ

―我れ三人行なえば必らず我が師を得《う》―

先生がいわれた。

「三人で行動すると、かならずそこには自分の師となる人がいる。よい人であれば、それを見習い、よくない人であれば、自分もそうであれば改めるからだ」。

子の曰わく、我れ三人行なえば必らず我が師を得《う》。其の善き者を択《えら》びてこれに従

子曰、我三人行、必得我師焉、擇其善者而從之、其不善者而

全権を委任され他国と談判すること。

◆「我三人行」は、「我、三人行《あゆ》めば」と読み、「三人で道をゆくと」と訳す場合もある。

う。其の善からざる者にしてこれを改む。　改之、

（述而第七―二十一）

【解説】

三人いたら自分以外の二人を先生とし、自分の手本とせよという。よいところは、それを見習い、悪いところは、自分を反省する材料にするというわけである。人とのかかわりのなかで、実践的に学んでゆくというものである。

なお、他者を見て学ぶことについては、里仁第四―十七「賢《けん》を見ては斉《ひと》しからんことを思い、不賢《ふけん》を見ては内《うち》に自《みずか》ら省《かえり》みる」（131頁参照）にもある。

他者に学ぶという姿勢は大切であるが、かといって他者に流されてはならないとする次のことばがある。

世の風潮に流されない

―衆《しゅう》これを悪《にく》むも必らず察《さっ》し、衆これを好むも必らず察す―

先生がいわれた。

「多くの人々が嫌うときも、かならず自分で調べて明らかにする。多くの人々が好むときも、かならず自分で調べて明らかにする」。

子の曰わく、衆これを悪《にく》むも必らず察《さっ》し、衆これを好むも必らず察す。

子曰、衆惡之必察焉、衆好之必察焉、

（衛霊公第十五―二十八）

【解説】

大勢の人がいっているからといって、それを鵜呑《うの》みにしない。世の風潮に流されず、自分の目と耳で見聞し、調べるのだという。

このことば、孔子の時代以上に現代社会では重要なものといえよう。なぜなら、現代は情報にあふれているからだ。さまざまな媒体から膨大な量の情報が発信されている。それらの情報をそのまま鵜呑みにするのは危険である。自分の目、耳で実際に調べ確かめる、とても大事なことである。

察す　調べて明らかにする。

情報に関連することばとして、次のようなものもある。

先生がいわれた。

「道ばたで小耳にはさんだことを、そのまま道でいいふらすというのは、徳を放棄することだ」。

子の曰わく、道に聴《き》きて塗《みち》に説くは、徳をこれ棄《す》つるなり。

子曰、道聴而塗説、徳之棄也、

（陽貨第十七―十四）

【解説】

聞きかじったことを右から左へうけ売りするようでは、自分でよく考えて身につけようとしないから、徳は身につかない。そうすることは、無責任で徳を放棄するようなものだという。いまにも通じるきびしい戒《いまし》めのことばである。

◆「道に聴きて塗に説く」はいわゆる道聴塗説《どうちょうとせつ》（他人からよい話を聞いてもそれを心にとどめて自分のものとしないで、すぐ他にうけ売りすること。転じて、いい加減なうけ売り、聞きかじりの話）のこと。

学び走りつづける

—学は及《およ》ばざるが如《ごと》くするも、猶《な》おこれを失わんことを恐《おそ》る—

先生がいわれた。

「学問をするには、対象をいくら追っても追いつけないような気持ちでやっても、それでもまだ見失うおそれがあるのだ」。

子の曰わく、学は及ばざるが如くするも、猶《な》おこれを失わんことを恐る。

子曰、學如不及、猶恐失之、

（泰伯第八―十七）

【解説】

学ぶ対象を必死に追いかけ、追いかけ、走りつづけることをいったことばである。こうした気持ちで学ぶことが大切なのである。

自己を成長させる努力が肝要

―吾《わ》れ十有《ゆう》五にして学に志《こころざ》す―

先生がいわれた。

「わたしは十五歳で学問に志し、三十歳になって学問的に自立した。四十歳なると、あれこれ迷うことがなくなった。五十歳になると、天からあたえられた使命を悟《さと》った。六十歳になると、人の意見に素直に耳を傾けられるようになった。そして、七十歳になると、思うままにふるまっても道をはずれないようになった」。

子の曰わく、吾れ十有《ゆう》五にして学に志《こころざ》す。三十にして立つ。四十にして惑《まど》わず。五十にして天命《てんめい》を知る。六十にして耳順《みみした》がう。七十にして心の欲する所に従って、矩《のり》を踰《こ》えず。

子曰、吾十有五而志乎學、三十而立、四十而不惑、五十而知天命、六十而耳順、七十而從心所欲、不踰矩、

（為政第二―四）

◆この章をもとに、後世、十五歳を「志学《しがく》」、三十歳を「而立《じりつ》」、四十歳を「不惑《ふわく》」、五十歳を「知命《ちめい》」、六十歳を「耳順《じじゅん》」というようになった。

【解説】

孔子の晩年の回想として有名なことばである。簡潔ながら孔子の人生の軌跡がみごとに描かれている（孔子の生涯については第一部参照）。孔子は、不遇な少年時代を乗り越え、十五歳で学問で身を立てよう決意し、その後、努力を積み重ね、三十歳、四十歳と成長を遂げてきた。三十歳、四十歳、五十歳と、それぞれの年代に応じた成長を遂げる必要があるのは現代のわれわれも同じである。そのためには、いくつになっても、自己を成長させてゆこうとする姿勢、その努力が肝要である。

第二部のしめくくりは、『論語』全二十篇の最後におかれた章である。

命・礼・言を知る

—命《めい》を知らざれば、以て君子たること無きなり—

先生がいわれた。

「天が自分にあたえた使命や運命がわからなければ、君子ではない。礼がわからなければ、自立してやってはゆけない。ことばがわからなければ、人を知ることはできない」。

孔子の曰《のたま》わく、命《めい》を知らざれば、以て君子たること無きなり。礼を知らざれば、以て立つこと無きなり。言を知らざれば、以て人を知ること無きなり。

孔子曰、不知命、無以爲君子也、不知禮、無以立也、不知言、無以知人也、

（堯曰第二十—五）

【解説】

『論語』の有終の美を飾ることばである。命・礼・言を理解することが、人間にとって不可欠であるという。

命は、前項の「五十にして天命《てんめい》を知る」で見たように天からあたえられた使命・運命。これを自覚する必要があり、これがわからなければ君子ではない。

礼は、節度ある人間関係・秩序の具体的表現としての方式。この礼の方

命　天が自分にあたえた使命や運命。

式がわからなければ、社会的に自立してゆけない。

言は、ことば・言語であり、多様な人間で構成されている社会において、他者とのコミュニケーションをとるための重要なツール。言語がわからなければ、他者を認識・理解することはできない。

命・礼・言は、人として社会を生きるうえでの重要な要素といえるだろう。

『論語』に学ぶ ―勉学と成長―

成長のために学ぶ

自己の成長のために学ぶ。だれでも主体的に、積極的に学んでさえゆけば、成長できる。学ぶさいには、自発的に学んでゆくことが大切。

古典を学ぶ

古典には、先人たちの知恵が凝縮されている。古典を学べば、いまという時代が見えてくる。古典を追究すれば、いまにも通じる新しい発見がある。

見聞を広げる

多くを聞き、多くを見ては、見聞を広げる。また、専門にとらわれない、幅広く学ぶ。こうした学びの態度も必要。

好むこと楽しむこと

学ぶうえで、物事を知り、理解するという段階よりも好むという段階、さらに楽しむという段階が理想。おもしろい、楽しいという心のはたらきが学びを深める。

学ぶことと考えること

「学ぶこと」と「考えること」、この二つは、車の両輪のようなものである。どちらも欠かしてはならない。

実践に生かす教養

広く文化的教養を身につける。ただし、実践に生かしてこその教養。教養をいかに活用するかが重要である。

自己を成長させる

それぞれの年代に応じた成長を遂げる必要がある。そのためには、いくつになっても、自己を成長させてゆこうとする姿勢、その努力が肝要である。

Column ⑥

孔子の弟子たち

『論語』には数多くの弟子たちが登場するが、孔子の弟子はおよそ三千人を数え、そのなかで礼・楽・射・御・書・数という六芸にすぐれていたのは七十二人であったとされている（『史記』孔子世家）。

さらにこのうち、『論語』（先進第十一－三）に取り上げられている十人が「孔門の十哲《じってつ》」と呼ばれる（四つのグループに分けられているので、「四科十哲《よんかじってつ》」ともいわれる）。

「徳行《とくこう》には顔淵《がんえん》・閔子騫《びんしけん》・冉伯牛《ぜんはくぎゅう》・仲弓、言語には宰我《さいが》・子貢、政事には冉有《ぜんゆう》・季路《きろ》、文学には子游《しゆう》・子夏《しか》」（先進第十一－三）

この章は、孔子門下で、徳行、言語、政事、文学の四つのジャンルにおいて、それぞれとくにすぐれた高弟十名の名を列挙したものである。

- **徳行（仁徳を身につけて行動にあらわすこと）… 顔淵（顔回）・閔子騫・冉伯牛・仲弓**
- **言語（言語表現に巧みであること）… 宰我（宰予）・子貢**
- **政事（政治家として能力があること）… 冉有（冉求）・季路（子路）**
- **文学（詩・書、礼・楽に通じていること）… 子游・子夏**

なお、この十人は、諸国流浪の旅の途中、陳と蔡のあいだで危機に直面したとき（第一部 37 頁参照）、その災難を供にした門人であるとされており、最高の十人とはかならずしもいえないとされている。

※顔淵（顔回）・仲弓・宰我（宰予）・子貢・冉有（冉求）・季路（子路）・子游・子夏については第二部の注釈を参照。

閔子騫　姓を閔、名を損《そん》、あざなを子騫といい、孔子より十五歳年下の弟子。有徳の人であった。

冉伯牛　姓を冉、名を耕《こう》、あざなを伯牛といい、孔子より七歳年下の弟子。年長の弟子にあたる。

第三部

『論語』に学ぶ人間力

人間力
――一人の人間として生きてゆく力

『論語』が人間学の書として読むことができることについては、第一部で触れたが、『論語』はただ道徳的なことを教えるものではない。人間が生きてゆくうえで必要なあらゆる事柄について言及した書物である。第三部では『論語』を通して、社会を生きてゆくうえで必要な「人間力」について考察を試みたい。

そこで、人間力とはなにか？ これについては、内閣府「人間力戦略研究会」の報告書に定義が見られる。同報告書では、人間力に関する確立された定義はかならずしもないとしながら、次のように定義している。

「社会を構成し運営するとともに、自立した一人の人間として力強く生きていくための総合的な力」

少しかみくだいていうと、「社会のなかで、一人の人間として力強く

報告書
人間力戦略研究会報告書（２００３年）。

生きていくためのさまざまな力」ということになるだろう。

現代の日本は、停滞感、閉塞感が漂っているといわれて久しい。先行きが不透明で将来が不安な時代。理想や希望をもちにくく、どう生きるべきかに迷う時代。このような時代だからこそ、たくましく生きてゆくための、総合的な力＝人間力がもとめられるのではないだろうか。

では、その人間力とはどのようなものなのか。また人間力をどのように身につけてゆくのか、さらにはどのように磨き高めてゆくのか。人間学の書として読むことができる『論語』にそのヒントを見出すことができるだろう。

まずは第二部で見てきた『論語』によく登場するキーワード、信、礼、仁といったことばを通して人間力について考察してゆく。

信
―誠実に信義を守ること

「人にして信《しん》なくんば、其《そ》の可《か》なることを知らざるなり」

47頁参照。

（人として信義がなければならない。そうでなければうまくやってけるはずがない）

（為政第二―二十二）

第二部第一章の冒頭に紹介したことばである。約束を守り、つとめを果たすことの大切さを説いたもので、信義がなければ、人としての役目を果たすことはできないとしている。

信に言及したものとして、高弟の有若のことばに次のようなものがある。

「信、義に近づけば、言《げん》復《ふ》むべし」

（約束を守る誠実さが、正義に近づくと、ことばどおりに実行できる）

（学而第一―十三）

ウソをつかず約束を守る誠実さである徳、信。それが確かなものとして完成するためには、義、正義・正しさに結びつかなければならないというものである。

約束を守りつとめを果たすという信、そこに義という徳が結合し、正

有若
姓を有《ゆう》、名を若《じゃく》、あざなを子有《しゅう》という。孔子の高弟。

しきを守り、正義のつとめを果たすという完成されたものとなるのだろう。

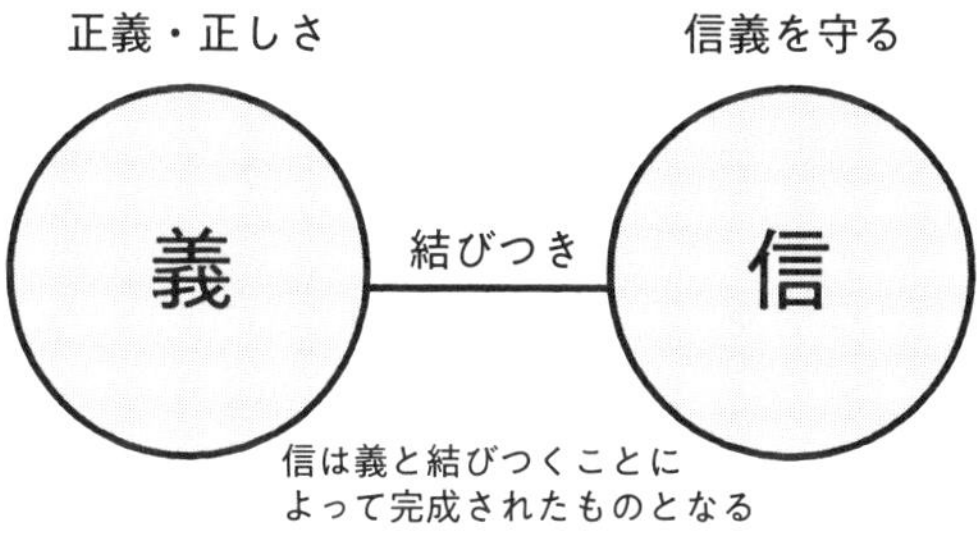

誠実に信義を守ることという信、それ自体、社会生活を送るうえで欠かすことのできない、とても大切な徳である。
その信に義、正義・正しさが結びつくことにより、信と義をあわせもつ、より完成されたものになる。

また、信と義について述べたものには、次のようなことばもある。

「君子、義を以て質と為《な》し、礼以てこれを行ない、孫《そん》以てこれを出《い》だし、信以てこれを成す」

(衛霊公第十五—十八)

(君子は、正義を本質とし、礼によっておこない、謙遜したことばであらわし、誠実さによって完成させる)

君子については、第二部第三章でくわしく言及したが、理想の君子像を簡潔に述べたことばである。

義

—正義、正しさ

義については、第二部第二章で見た次のことばがある。

質 本質。

孫 「遜」に同じ。謙遜。

「利を見ては義《ぎ》を思い」　**（憲問第十四―十三）**

（利益を目のまえにして正義を考える）

利益を目のまえにして、その利益は正義にかなったものなのかを考えなければならないというものである。一方で、同じ第二部第二章で見たように、孔子は利益自体を否定してはいない。

「富《とみ》と貴《たっと》きとは、是《こ》れ人の欲する所なり。其の道を以てこれを得ざれば、処《お》らざるなり」　**（里仁第四―五）**

（財産と高い身分は、だれでもほしがるものだ。しかし、正当な理由で手にいれたのでなければ、そこに居座《いすわ》らない）

財産や利益は人ののぞむものであり、もとめるのは当然である。しかし、その手にいれかたが問題なのであり、そこが大事なところである。利益をまえにしたら、かならず義に照らして正しいかどうかを判断する。これも人として生きていくゆえで大切なことであろう。

義については、次のことばも見た。

101頁参照。

97頁参照。

「義《ぎ》を見て為《せ》ざるは、勇《ゆう》なきなり」 **（為政第二―二十四）**

（人としておこなうべきことをまえにしながらおこなわないのは、勇気がない人間だ）

人としてなすべき正義、それをまえにしても実行しない。それは勇気がないのだという。しかし、「正義をなす勇気をもつこと」は難しいことではないだろうか。

次のようなことばがある。

「徳の脩《おさ》めざる、学の講《こう》ぜざる、義を聞きて徙《うつ》る能《あた》わざる、不善《ふぜん》の改むる能わざる、是れ吾が憂《うれ》いなり」 **（述而第七―三）**

（道徳の修養が不十分であること。学問が不十分であること。正義を聞きながら、わが身をその正義に移せないこと。善《よ》くないのに改められないこと。これがわたしの悩みの種だ）

孔子の自戒あるいは反省のことばとされる。正義を聞いても、その正

123頁参照。

◆孔子の自己批判ではなく、老年の孔子が若

義を自分の身をもって実行できていないことが悩みの種だという。「正義をなす勇気をもつこと」はたいへんなことを示すことばである。

正義を実行する勇気が大事であるとする一方、次のようにも述べている。

「君子、義《ぎ》以て上《かみ》と為《な》す。君子、勇《ゆう》ありて義なければ乱《らん》を為《な》す」（陽貨第十七―二十三）

（君子は正義を第一にする。君子に勇気だけあって、正義がなければ、混乱をおこす）

正義を実行する勇気は必要である。ただし、あくまでその前提に正義がなければならない。正義が第一にあり、正義がない勇気は、かえって危険なものとなる。勇気・勇敢さがあっても、それに正義が伴わなければ、無謀なものになるだろう。

い弟子たちの欠点を、老婆心をもって心配したとみる説もある。

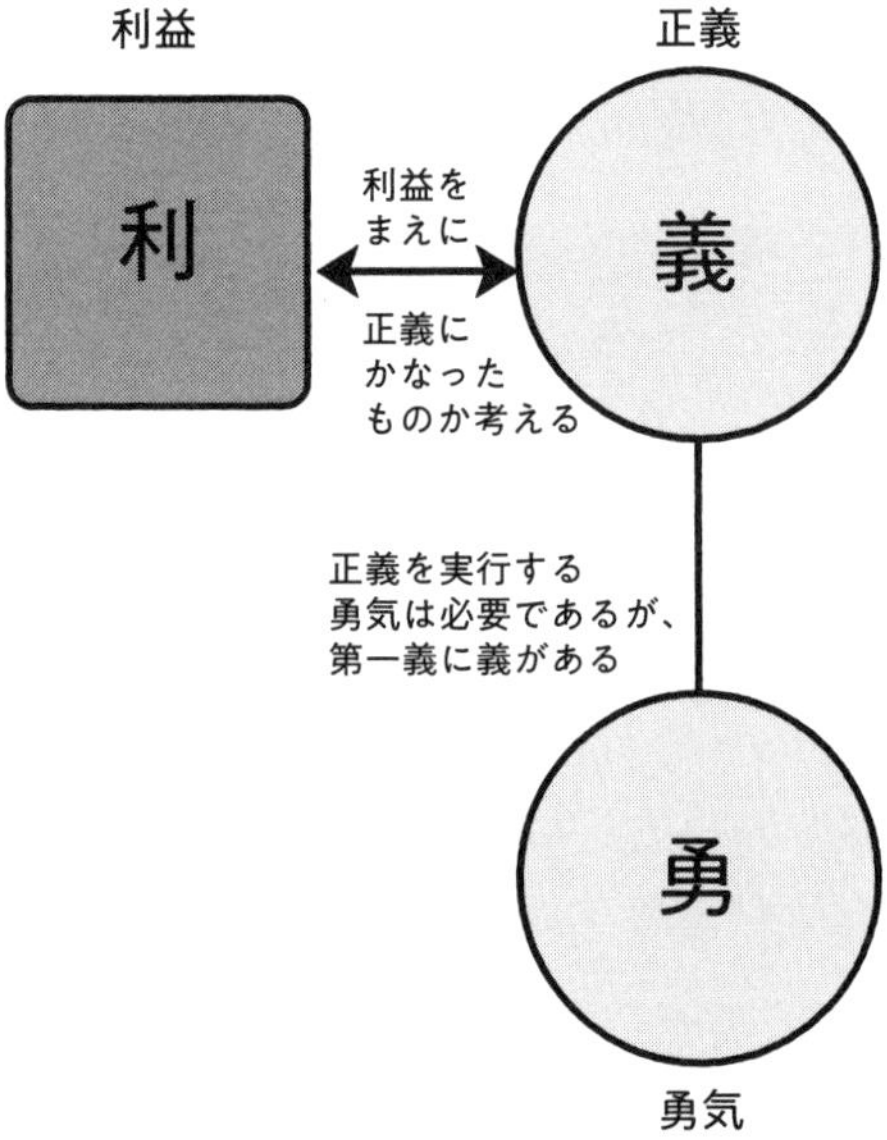

この場合、義は基準としてとらえることができる。利益は義に照らして正しいかどうか、勇気の前提に義があるかどうか、義を基準に判断しなければならない。

忠
—誠心誠意、まごころを尽くす

「子、四《よ》つを以て教う。文、行、忠、信」

（述而第七―二十四）

（先生は、四つのことを教えられた。文（学問）、行（実践）、忠（誠実）、

信（信義）

孔子は、弟子たちに学問と実践、そして誠実と信義を重点的に教えてきたというものである。

孔子は、忠と信の重要性をいくつかの章で述べている。

「忠信を主として義に徙《うつ》るは、徳を崇《たか》くするなり」（顔淵第十二―一〇）

（忠（誠心誠意、まごころを尽くす）と信（誠実に信義を守る）とを主として、義（正義）へと移ってゆくのが徳を高めることだ）

これは、子張《しちょう》が徳を高め、迷いをはっきりさせることについてたずね、それに孔子がこたえたことばである。

忠、つまり誠心誠意、まごころを尽くすことと、信、誠実に信義を守ることが中心にあり、義、正義・正しい方向へと向かってゆく。そうすることが人格を高めることであるという。

先ほど見た信と義、それに忠をくわえて子張に説明したものである。

子張
姓を顓孫《せんそん》、名を師《し》、あざなを子張という。孔子より四十八歳年下で孔子門下で最年少ともいうべき若い弟子。

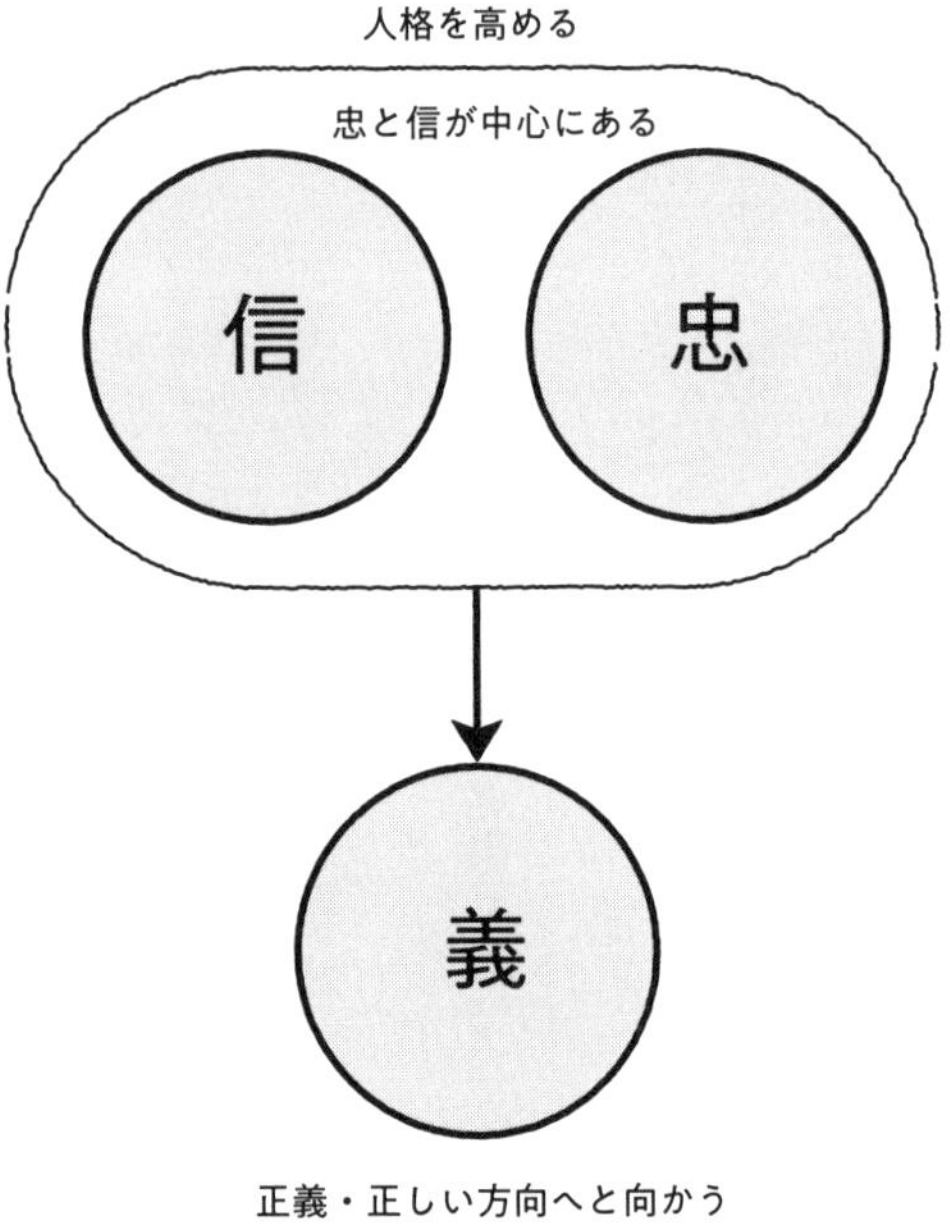

この場合も、義は基準として、または方向を示すようなものとしてとらえることができる。忠信をもって、義、正しい基準・方向へと向かってゆく。そうすることによって人格を高めてゆく。

忠信について言及したことばには、次のようなものもある。

「言《げん》忠信、行篤敬《とくけい》なれば、蛮貊《ばんばく》の邦《くに》と雖《いえ》ども行なわれん」

（衛霊公第十五—六）

（ことばは、誠実にまごころを尽くし信義を守り、行動は、実直でつつしみ

篤敬　実直でつつしみ深いこと。

深ければ、異民族の国でもうけいれられる）

これも子張の質問に対するこたえである。子張が、どうすれば自分の思いがうけいれられるだろうかとたずね、それについて説明したものである。

ことばが忠信であり、行動が実直でつつしみ深ければ、どんなところに行っても自分の思いがうけいれられるのだという。

なお、孔子のこの説明を聞いた子張は、訓戒をいつも忘れないようにと、このことばを帯に書きつけたという。子張には、「言の忠信、行の篤敬」ということばを肌身離さずもち歩きたいという気持ちがあったのだろう。

また、第二部第三章で見た「君子に九思あり」には、「言には忠を思い」（ことばは誠実でありたいと思う）（季氏第十六―一〇）とある。孔子は、巧言令色、巧《たく》みなことばづかいで、うわべだけをとりつくろうものをきびしく批判した。ことばには誠実であり、まごころを尽くさなければならないのである。

蛮貊
蛮は南方異民族。貊は北方異民族。

166頁参照。

さらに忠と信については、曾子《そうし》の次のことばもある。

「人の為めに謀《はか》りて忠《ちゅう》ならざるか、朋友と交わりて信ならざるか、習わざるを伝うるか」

（学而第一―四）

（他人の相談にのりながら、まごころを込めなかったのではないだろうか。友人とのつきあいで、誠実ではなかったのではないだろうか。十分に理解していないことを人に教えたのではないだろうか）

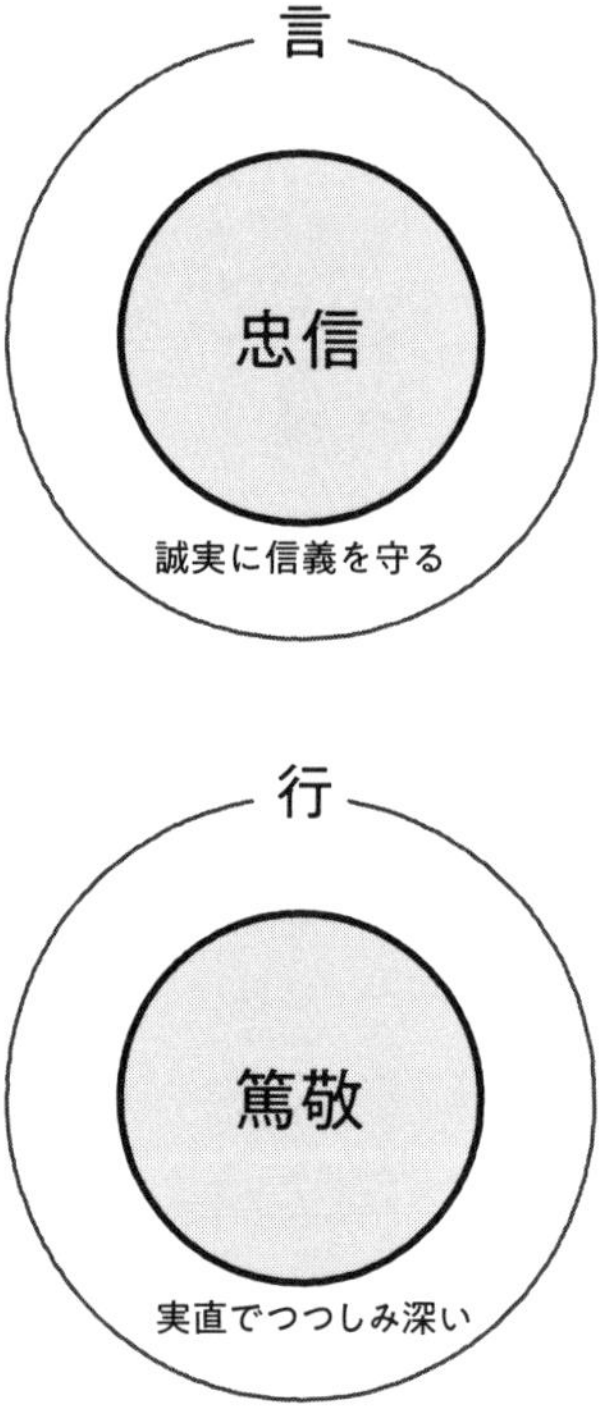

曾子
姓を曾《そう》、名を参《しん》、あざなを子輿《しょ》という。孔子より四十六歳年下、孔子門下における年少の弟子。孔子亡きあとの一門をとりまとめた。

132頁参照。

第二部第二章で見た、曾子の自己反省に関することばである。忠では、なかったのではないだろうか。信では、なかったのではないだろうか。と曾子は日々反省するのだという。

また、礼と忠については次のことばがある。

「君、臣を使うに礼を以てし、臣、君に事《つか》うるに忠を以てす」（八佾第三―十九）

（君主が臣下を用いるには礼によるべきです。臣下が君主に仕《つか》えるには忠による（誠心誠意、まごころを尽くす）べきです）

このことばは、定公《てい》から「君主が臣下を用い、臣下が君主に仕えるにはどうすればいいだろうか」とたずねられ、孔子がそれにこたえたものである。

君子と臣下、つまり上司と部下など、組織における上下関係において、礼と忠とが必要だということである。また、組織にかぎらず、人間が社会生活を送るうえで、相手に対する礼と忠は欠かすことのできないものであろう。

定公　魯の君主（前五〇九～四九五在位）。

なお、礼については次にくわしく見ていく。

礼
――道徳的な社会規範

礼という語は『論語』のなかで数多く登場するが、『論語』における礼は、伝統的な祭祀《さいし》儀礼（元服の儀式や婚礼、葬礼《そうれい》などの儀式）と、道徳的な社会規範との両面がある。孔子は、道徳的な社会規範としての礼の学習を重視した。

「礼を知らざれば、以て立つこと無きなり」（堯曰第二十―五）

（礼がわからなければ、自立してやってはゆけない）

第二部の最後に見た『論語』の最終章にあることばである。この当時、礼を習得することは、自立への必須条件であった。

288頁参照。

「礼を学ばずんば、以て立つこと無し」　（季氏第十六―十三）

（礼を学ばなければ、ちゃんとやってはゆけないよ）

これは、第二部第五章で見た、孔子が息子の伯魚《はくぎょ》にいったことばである。礼を学ばなければ、自立して社会に出てゆけないというものであり、礼の学習の重要性を述べたものである。

現代においても、礼は自立して生きてゆくための要素の一つといえるだろう。

さらに礼について見てゆくが、礼の本質を的確に示した次の章がある。

「子、大廟《たいびょう》に入《い》りて、事ごとに問う。或《あ》るひとの曰《い》わく、孰《たれ》か鄹人《すうひと》の子を礼を知ると謂《い》うや、大廟に入りて、事ごとに問う。子これを聞きて曰《のたま》わく、是れ礼なり」　（八佾第三―十五）

（先生は大廟《たいびょう》にお参りされたとき、儀礼を一つ一つ係のものにたずねられた。ある人がいった。「いったいだれが鄹《すう》にいた男の子どもが、礼にくわしいなどというのか。大廟のなかで、いちいち手順をたずねているではないか」。先生はこのことを伝え聞くとこういわれた「そうすることが礼なのだ」）

253頁参照。

大廟　その国の初代君主を祭った廟。ここでは魯の始祖、周公《しゅうこう》を祭った廟。孔子は、周公を理想とし、憧憬しつづけた（第一部参照）。

優秀な礼法学者として高い役職に抜擢された孔子を快《こころよ》く思わない人物が、大廟に入った孔子が係のものにいちいち参拝の手順をたずねたと知り、礼法にくわしいなんてウソだろうと批判したのである。

「鄹にいた男」というのは孔子の父の叔梁紇《しゆくりようこつ》が、鄹という土地で役人をしていたから、そう呼んだのである。鄹というのは辺鄙《へんぴ》な片田舎の地だと考えられ、この表現は父とその子である孔子に対して、田舎者のくせにという軽蔑の意味が込められている。

この屈辱的な発言を聞いても、孔子は腹を立てることもなく、平然と反論した。あくまで沈着冷静である。

廟では、参拝の手順を係のものにたずねることが、そうした場合の礼なのだという。これは、たとえ知っていても、相手を立てて一つ一つ聞くことが礼であるということである。これぞ、礼の本質ともいうべきものである。

鄹
地名。

精神と形式との一体化のうえに立つ、礼

孔子は礼の根本について問われ、「大きな質問だな」としたうえで、こうこたえている。

「礼は其の奢《おご》らんよりは寧《むし》ろ倹《けん》せよ。喪《も》は其の易《おさ》めんよりは寧ろ戚《いた》め」
（八佾第三―四）

（礼は行事をぜいたくにするよりも、むしろ質素にしたほうがいい。葬式は万事ととのえるよりも、いたみ悲しむことだ）

礼の儀式は豪華ではなく、質素にすべき、葬式はととのえることよりも、亡き人への心からの哀悼が大事だという。孔子は、礼における空疎な形式主義を否定した。

礼の根本は、形式をととのえることよりも、むしろ精神のもちかたにあるということを強調しているのだ。現代における礼においても、形で

はなく、心のありかたが大事なのは同じであろう。
また、次のようにも述べている。

「礼と云い《い》礼と云うも、玉帛《ぎょくはく》を云わんや。楽《がく》と云い楽と云うも、鐘鼓《しょうこ》を云わんや」
（陽貨第十七―十一）

（礼だ礼だというけれども、道具の玉《ぎょく》や絹ばかりが礼ではなかろう。楽だ楽だというけれども、楽器の鐘《しょう》や太鼓ばかりが楽ではなかろう）

礼についても、楽についても、道具の玉や絹、楽器の鐘や太鼓が問題なのではない。礼も楽も形式よりも、その精神が大事だということである。あくまで、形ではなく、心なのである。

とはいえ、精神面が大切とはいっても、形式を軽視してよいというわけではない。孔子は形式面も大事にした。それを物語る次の章がある。

「子貢《しこう》、告朔《こくさく》の餼羊《きよう》を去らんと欲す。子の曰《のたま》わく、賜《し》や、女《なんじ》は其の羊を愛《おし》む、我れは其の礼を愛《おし》む」
（八佾第三―十七）

（子貢がいけにえの羊を供える告朔《こくさく》の儀式を廃止しようとした。先生はいわ

玉帛
儀式に用いる玉《ぎょく》と絹。

鐘鼓
楽器の鐘《しょう》と太鼓。

子貢
姓を端木《たんぼく》、名を賜《し》、あざなを子貢という。孔子より三十一歳年

れた。「賜（子貢）よ。おまえはその羊を惜しむが、私はその儀礼がなくなることのほうを惜しむ」）

当時の魯の国では、告朔の儀式は形骸化していて、いけにえの羊を供えるだけになっていた。

そこで、子貢は、形式だけ守っても意味がないと主張する。それに対して、孔子はその形式だけでも残しておけば、輝かしい過去を思い出す、よりどころとなる。伝統的な儀式や行事は残しておくべきだ、と子貢をさとした。孔子は、形としての礼も尊重したのである。

礼とは、精神と形式との一体化のうえに成り立つものなのである。

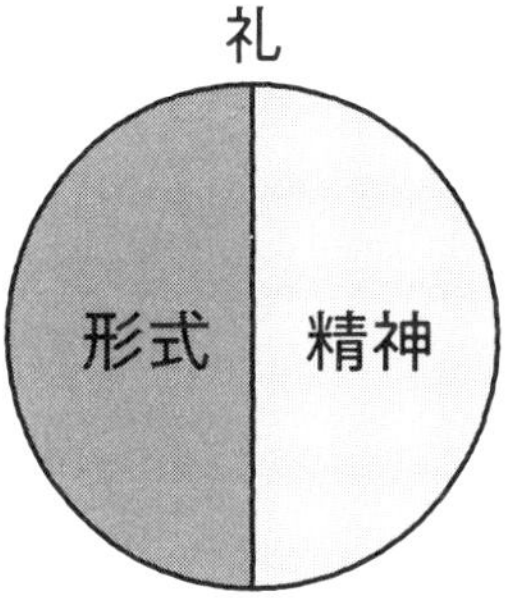

精神と形式との一体化のうえに成り立つ

現代においても、礼儀を正す、マナーを守ることは当然もとめられることだが、形を重視しがちではないだろうか。相手への思い、まわりへの配慮など心の面こそ重視すべきであろう。

下で、弁論にすぐれた孔子門下の秀才。また商才にもたけた多芸の士でもあった。

告朔・餼羊　毎月のはじめ、羊をいけにえにして宗廟に朔日（ついたち）を報告する儀式。

和　節

─調和　─節度

弟子の有若がこう述べている。

「礼の用は和を貴《たっと》しと為《な》す。先王の道も斯《こ》れを美と為《な》す。小大これに由《よ》るも行なわれざる所あり。和を知りて和すれども、礼を以てこれを節《せつ》せざれば、亦《ま》た行なわれず」

(学而一―十二)

(礼の運用には、和─調和する心が大切で貴《とうと》いものである。古代の聖王のやりかたも和をすばらしいものとしていた。しかし、小さなことも大きなことも、なにもかも調和によると、うまくゆかないことが出てくる。調和の大切さを知って、調和するにしても、礼によって節─節制、けじめをつけなければ、うまく運用していくことができないのだ)

礼において、和─調和は大切であり尊重すべきことである。一方で、すべてを和によっておこなおうとすると、うまくゆかない場合がある。

有若　姓を有《ゆう》、名を若《じゃく》、あざなを子有《しゅう》という。孔子の高弟。

先王　古《いにしえ》のすぐれた王。

それは、和はともすれば馴《な》れ馴れしさという弊害を生むからだ。そこで、礼によって、節—節度をもたなければならないということである。

調和と節度、社会生活、組織運営などを円滑に進めていくための重要なキーワードといえよう。

そして、礼については次のことばがある。

「己れを克《せ》めて礼に復《かえ》るを仁と為《な》す」　**（顔淵第十二—一）**

（自分にうち克かって、礼の規則にたちかえることこそ、仁の徳だ）

第二部第二章で見た、「克己復礼《こっきふくれい》」。自分の欲望にうち克ち、礼にしたがってゆくことである。

そして、最愛の弟子・顔淵が、「その仁徳の実践項目をお聞かせください」とたずね、孔子はこう答える。

「礼に非《あら》ざれば視《み》ること勿《な》かれ、礼に非ざれば聴《き》くこと勿かれ、礼に非ざれば言うこと勿かれ、礼に非ざれば動くこと勿かれ」

（顔淵第十二—一）

139頁参照。

顔淵
顔回《がんかい》。姓を顔、名を回、あざなを子淵という。孔子より三十歳年少であり、孔子の最愛の弟子。

（礼の規則にはずれたものに目を向けてはならない。礼の規則にはずれたものに耳を傾けてはならない。礼の規則にはずれたことをいってはならない。礼の規則にはずれたことをおこなってはならない）

つまり、自分の視聴、言動はすべて礼に即しておこなえということである。

仁の実践項目

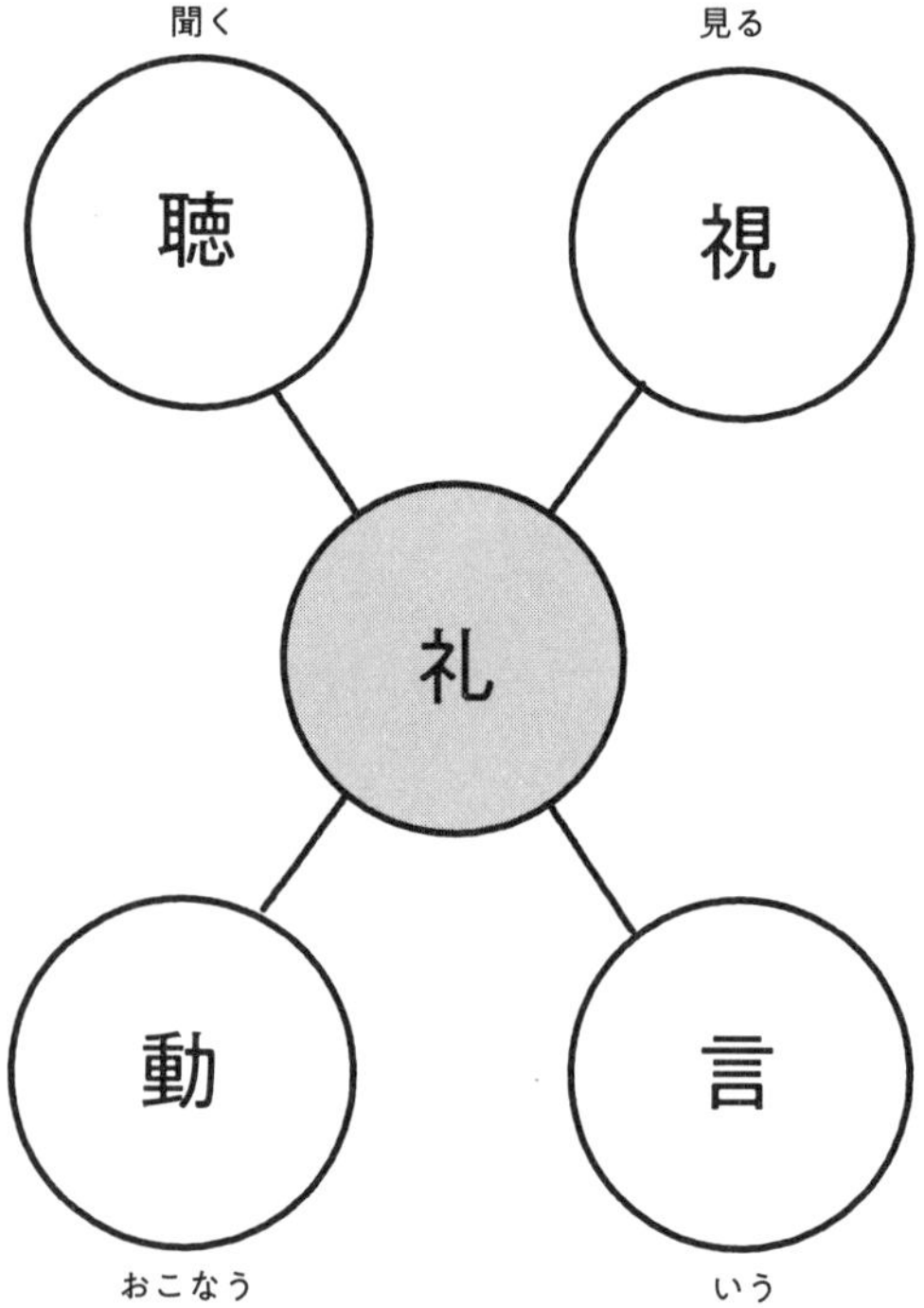

すべてにおいて礼にしたがい礼に即すること

人間というものは気をゆるすと、すぐに礼から外れた言行をおこなってしまうものなのかもしれない。だからこそ、すべてにおいて礼にしたがうようにと説いたのであろう。

そして、礼と密接なつながりをもち、孔子がもっとも重視した徳目が仁である。

仁
―誠実な思いやりや人間愛

仁、誠実な思いやりや人間愛など、さまざまな要素を包括した大いなる徳。その仁のための心の修養の一つが、先ほど見た礼の実践である。

仁とはどのようなものか。第二部でもふれたが、弟子たちの質問に対して孔子はさまざまなこたえかたをしている。

「樊遅《はんち》、仁を問う。子の曰《のたま》わく。人を愛す」（顔淵第十二―二十二）

（樊遅は仁についておたずねした。先生はいわれた。「人を愛することだ」）

仁とは、人を愛すること、とても明快なこたえである。

樊遅は別の日にも仁について質問している。

「仁を問う。曰《のたま》わく、仁者《じんしゃ》は難《かた》きを先きにして獲《う》るを後《のち》にす、仁と謂《い》うべし」（雍也第六―二十二）

（仁についておたずねした。先生はいわれた。「仁徳をそなえた人は先に困難なことを実行する。それによって得られる利益や名誉などは後回しにする。それこそが仁だ」）

同じ仁についての質問に対して、異なる視点からこたえている。孔子は、抽象的な定義づけはせず、質問の相手、また同じ相手であっても、状況や雰囲気によって自在に視点をかえながら説明しているのである。

また第二部第五章で見た、司馬牛《しばぎゅう》に対する説明では「仁者とは、ことばがすらすらでない人のことだ」としている。

また、第二部第五章で見た、仲弓が仁について質問したときには、こうこたえている。

樊遅
姓を樊《はん》、名を須《しゅ》、あざなを子遅《しち》という。孔子より三十六歳（または四十六歳）年少の弟子。呑み込みがよくないが、まじめな人物。

司馬牛
姓を司馬、名を耕《こう》、あざなを子牛《しぎゅう》という。孔子の弟子で、宋の出身。おしゃべりで

「門を出でては大賓《だいひん》を見るが如くし、民を使うには大祭に承《つか》えまつるが如くす。己れの欲せざる所は人に施《ほどこ》すこと勿《な》かれ」

（顔淵第十二―二）

（家の門を出て外で人にあえば、いつでも大切な賓客《ひんきゃく》とあうときのようにし、人民をつかうときには、大切な祭祀《さいし》にお仕《つか》えするような心持ちですする。自分がしてほしくないことを他人にしてはならない）

人に対しては、大切な賓客とあうように丁重に接し、人民に対しては、大切な祭祀に仕えるように慎重につかうようにする。そして、自分がしてほしくないことを他人にはしない。つまり、仁とは、他者を思いやる心であり、まごころである。すなわち恕《じょ》、思いやりや愛情をもつことであるという。

さらに、子貢との対話で次のようなものがある。

子貢が「もし広く人民に恩愛をほどこし、人民を救済することができれば、それで仁といえるでしょうか」と質問したのに対して、孔子は「それは仁どころではない。聖人でなければできないこと。舜《しゅん》・堯《ぎょう》のよ

あったという。

仲弓
姓を冉《ぜん》、名を雍《よう》、あざなを仲弓という。貧しい家の出身だったが、誠実で大らかな人柄であり、孔子は高く評価した。
225頁参照。

恕
第二部第五章、233頁参照。

舜・堯
古の聖天子である舜と堯。

うな聖人でさえ、難しいことだ」とこたえる。そのうえで、こう説明している。

「夫《そ》れ仁者は己《おの》れ立たんと欲して人を立て、己れ達せんと欲して人を達す。能く近く取りて譬《たと》う。仁の方《みち》と謂《い》うべきのみ」

（雍也第六―三〇）

（そもそも仁者は、自分が立ちたい（地位につきたい）と思えば、人を立たせてやる。自分が達成したい（出世したい）と思えば、人を達成させてやる。自分の身近なところに引きつけ考えてからはじめる。これこそ、仁を実践する方法だ）

ここで説く仁は、他者を尊重し、他者との共生を目指すもの

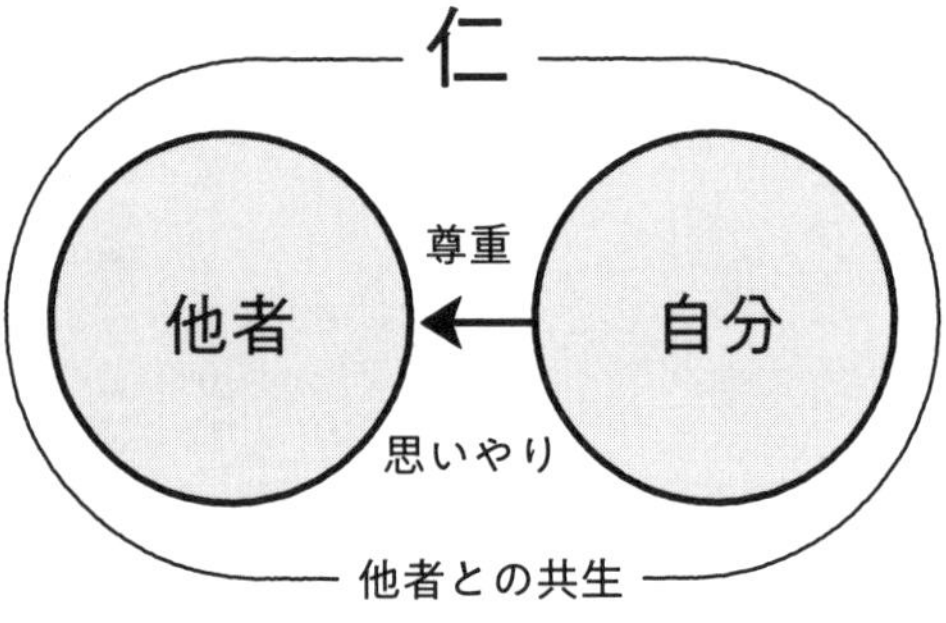

他者の立場に立つ、相手を思いやり、尊重する。人とのかかわりが希薄になってきている現代社会では、より重要性が増しているのではないだろうか。

である。身近なところから、他人の身になって考えてゆくことが仁であるという。

社会生活を送るうえで、他者との共生は欠かせない。そのためには、他者の立場に立って考え、他者を尊重し、思いやる仁の徳性が必要なのである。

さまざまな要素を包括する徳、仁

子張《しちょう》には、仁について次のようにこたえている。

「能《よ》く五つの者を天下に行なうを仁と為《な》す。これを請《こ》い問う。曰《のたま》わく、恭寛信敏恵《きょうかんしんびんけい》なり」（陽貨第十七―六）

（「五つのことを天下に実行することができたら仁といえるね」。子張が「どうかそのことをお聞かせください」いった。するといわれた。「恭《うやうや》しいこと、寛大なこと、誠実に信義を守ること、機敏なこと、恵み深いことだ」）

子張
姓を顓孫《せんそん》、名を師《し》、あざなを子張という。孔子より四十八歳年下で孔子門下で最年少ともいうべき若い弟子。

恭しく、寛大であり、誠実であり、機敏であり、恵み深いこと。これらを包括した大いなる徳が仁ということである。

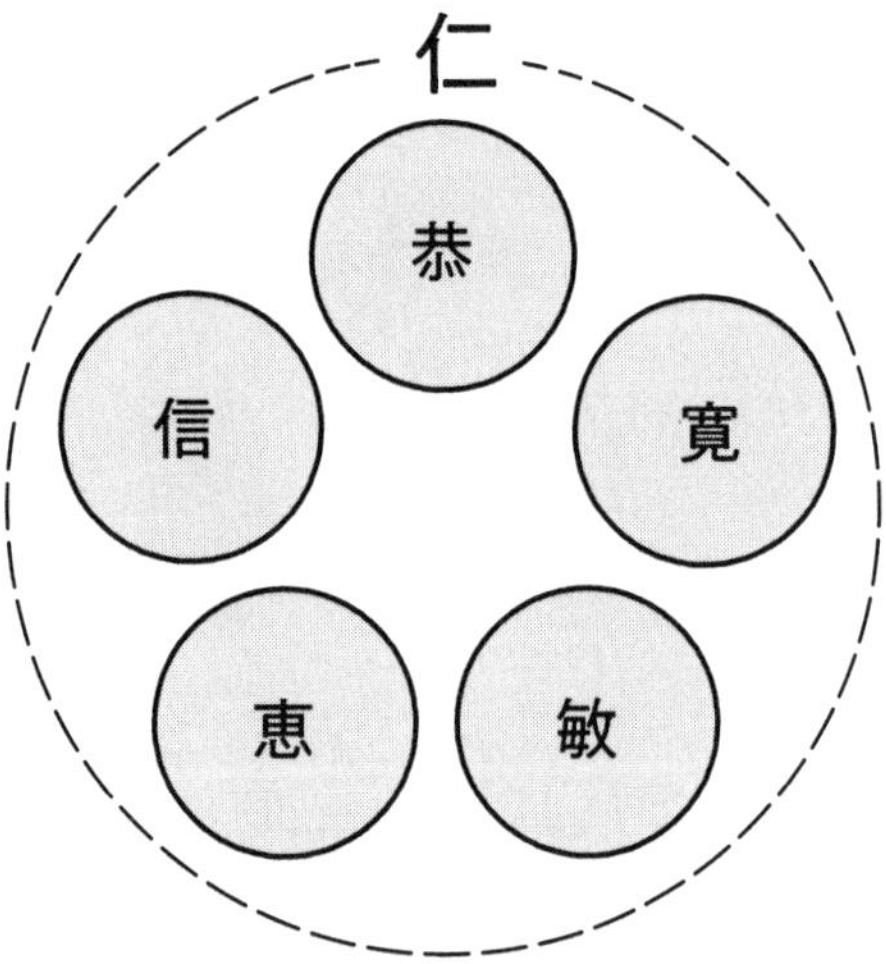

仁＝さまざまな要素を包括した徳

ここまで仁について見てきたが、人間愛、他者への思いやりなど、さまざまな要素を含む包括的なものである。非常に大きな概念で、高遠なものとしてうけとれる。

しかし、孔子は次のように述べている。

「仁遠からんや。我れ仁を欲すれば、斯《ここ》に仁至る」

（述而第七―二十九）

（仁は遠いところにあるものだろうか。いや、自分から仁をもとめさえすれ

ば、仁はすぐやってくるよ）

仁という大いなる徳は、高遠で容易に手にいれられるものではない、そう思いがちだが、決してそんなことはない。自分から体得しようと強くもとめさえすれば、仁のほうからやってくるのだという。

自分がもとめるかどうか、ここが一番の問題なのである。

なお、仁とともに重要だとしている徳に孝がある。孝は両親など身内の年長者に対する素直さ、年長者につかえる義務といった意味をもつ。仁と孝の関係については、有若（有子）の次のことばがある。

「孝弟《こうてい》なる者は其《そ》れ仁《じん》の本《もと》たるか」　**（学而第一―二）**

（孝と悌《てい》ということこそ、仁の根本であろう）

孝は両親によく仕えること、悌は兄や年長者によく仕えることである。仁の根本は孝悌。つまり、仁を達成するためには、まずは身近な家庭内における孝という徳を修めなければならないということである。

有若　296頁参照。

信、義、忠、礼、そして仁などの徳について見てきたが、これらは人としてあるべき要素、そなえるべき徳性といえよう。現代社会を生きるうえでも、これらの徳性を身につけ、そして磨いてゆくことが肝要であろう。

学びが欠かせない

「仁を好みて学を好まざれば、其の蔽《へい》や愚《ぐ》。知を好みて学を好まざれば、其の蔽や蕩《とう》。信を好みて学を好まざれば、其の蔽や賊《ぞく》。直を好みて学を好まざれば、其の蔽や絞《こう》。勇を好みて学を好まざれば、其の蔽や乱。剛を好みて学を好まざれば、其の蔽や狂《きょう》」（陽貨第十七―八）

仁（仁愛）を好んで、学問を好まなければ、その弊害は愚《おろ》かになることだ。知（知識）を好んで、学問を好まなければ、その弊害はとりとめがなくなることだ。信（信義）を好んで、学問を好まなければ、その弊害は人も自分もそこなうことになることだ。直（正直さ）を好んで、学問を好まなければ、その弊害は窮屈《きゅうくつ》になることだ。勇（勇気）を好んで、学問を好まな

ければ、その弊害は無秩序になることだ。剛（剛強）を好んで、学問を好まなければ、その弊害は狂気になることだ）

これは、孔子が子路に対して、六言六蔽（六つの善言についての六つの弊害）について語ったものである。

仁をはじめ六つの徳はよいことではある。しかし、学問によってその実行の標準を知らなければならない。それを学ばなければ、よいこともゆきすぎることになり、弊害をもたらすということになるのであろう。

仁や信などの徳については、先

学ぶことによって徳の運用の標準を知る

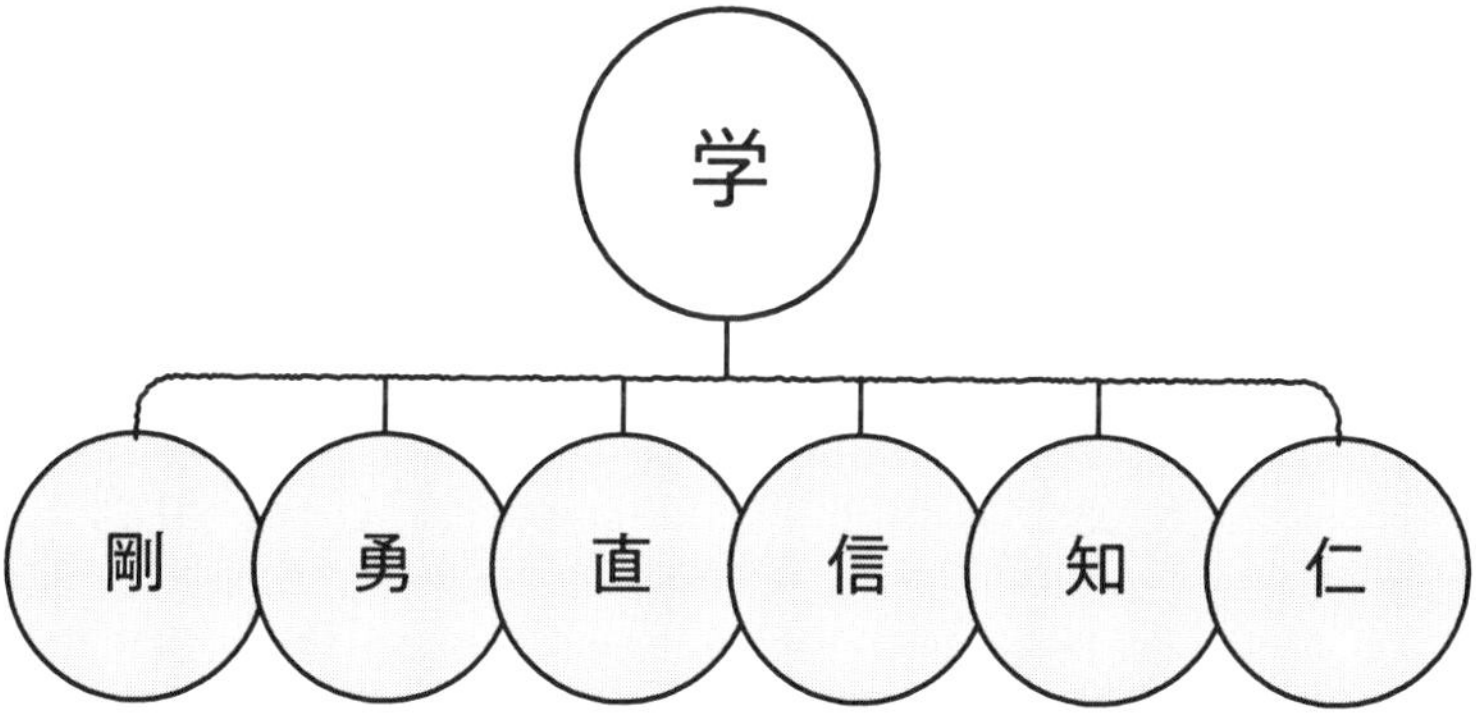

六つのよい徳

子路
姓を仲《ちゅう》、名を由《ゆう》、あざなを子路という。孔子より九歳年下で年長の弟子に属する。腕っぷしが強く、気持ちがまっすぐで、それをすぐにあらわす熱情家。

にふれたが、徳性を身につけるにも、また、それを運用するにも学びが欠かせない。

また、徳を学び、総合的に人間性を高めてゆくことが、人間力を高めてゆくことにつながるだろう。

第二部第六章で見たとおり、孔子は学問・学ぶことについて数々発言をしており、その重要性について強調している。

「性《せい》、相《あ》い近し。習えば、相い遠し」（陽貨第十七―二）

（人の生まれつきの素質にはそんなに差はない。ただ、生まれたあとの習慣・学習によって距離が生じ遠く離れるのだよ）

「我れは生まれながらにしてこれを知る者に非ず。古えを好み、敏《びん》にして以てこれを求めたる者なり」（述而第七―十九）

（わたしは生まれながらにして知識をもっているものではない。古代のことを好み、懸命に探究しているものだ）

このように述べているとおり、孔子は、人間はもともとそなわった素

243頁参照。

266頁参照。

質ではなく、習慣や学習によって差がついてゆくものだと考えている。自分自身の知識も生まれながらにそなわっているものではなく、学びの積み重ねによって習得したものであるとしている。

実践面と精神面を重視

孔子は、いま見たように「古代のことを好み、懸命に探究している」としているが、第二部第六章で見た、次の有名なことばがある。

「故《ふる》きを温《あたた》めて新しきを知る、以《もっ》て師《し》と為《な》るべし」（為政第二―十一）

（古いことを深く探求して習熟し、そこから現代に応用できる新しいものを知る。それができる人こそ、人の師となれる）

古いこと、歴史や古典を深く学ぶことの意義を説いたものである。

また、孔子の学習カリキュラムを端的に示した次のことばがある。

264頁参照。

「子の曰《のたま》わく、詩に興《お》こり、礼に立ち、楽《がく》に成る」（泰伯第八―八）

（先生がいわれた。「詩（『詩経《しきょう》』）を学ぶことによってふるいたち、礼を学ぶことによって自立し、音楽によって人の教養は完成する」）

第一に、『詩経』（古典）を学ぶことによって、人にはさまざまな考えや感情があることを知り、人間の奥深さに、精神や感情をふるいたたせる。

第二に、礼を学ぶ。礼についてはすでにふれたが、社会規範であり、礼を身につけることによって社会的に自立することができる。

そして、第三は音楽である。美しい音楽に耳を傾け、すべてを調和させて、人の教養は完成するとしている。

これを現代風にいえば、古典などを学ぶ。礼儀や社会規範、マナーなどを実践的に身につける。そして、芸術・文化にふれ、感性を磨き、教養を深めてゆくとなるだろうか。

『詩経』

五経（儒教の経典）の一つ。中国最古の詩集。

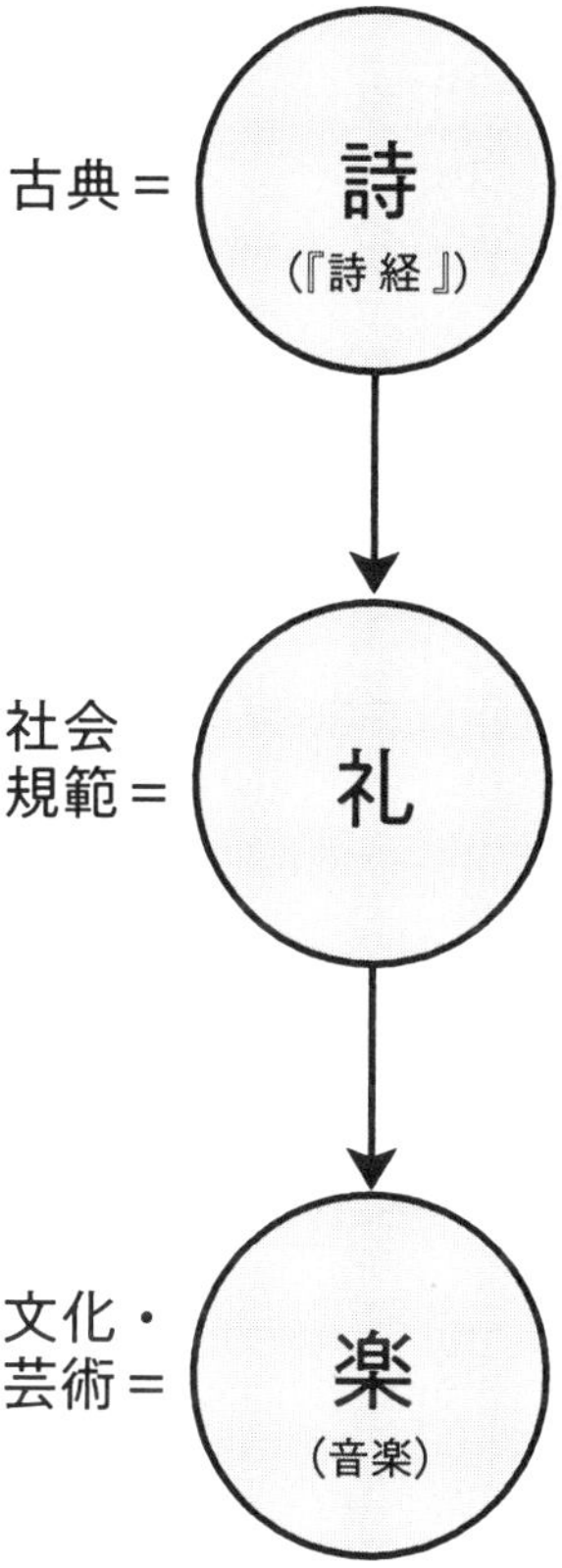

先に見たが、孔子は「文、行、忠、信」（文（学問）、行（実践）、忠（誠実）、信（信義））の四つを重点的に教えたという。

文（『詩経』などの古典を読むこと）、行（礼楽を実践すること）、そして忠と信（誠実・信義といった精神面）を中心に学ぶというものである。この内容から、孔子は実践面と精神面を重要視していたことがうかがえる。

実践面については、次のようにも述べている。

「詩三百を誦《しょう》し、これに授《さず》くるに政《せい》を以《もっ》てして達せず（略）多しと雖

280頁参照。

ども亦た奚《なに》を以て為《な》さん」（子路第十三―五）

（『詩経』の三百篇を暗誦できても、その人物に政治の要務をやらせても、うまくこなせない（略）いくら多くの教養があっても、なんの役に立とうか）

第二部第六章で見たことばであるが、このように発言しているとおり、実践に生かしてこその教養であり、孔子はあくまで実践としての学問を重視したのである。

さまざまな機会を通して学ぶ

それでは、どのように学ぶべきなのだろうか。

「多く聞きて其《そ》の善《よ》き者を択《えら》びてこれに従い、多く見てこれを識《しる》すは、知るの次《つ》ぎなり」（述而第七―二十七）

（わたしは、できるだけ多くの意見を聞いて、そのなかから善《よ》いものを選

269頁参照。

んでそれにしたがう。できるだけ多くのものを見て、それを記憶しておく。それはもの知りではないまでも、その次の段階だ）

向学心に燃える孔子は、「なんでも見よう、なんでも聞こう」として、機会があれば、どこへでも出かけていって見聞をひろげたのであろう。単純に書物に向かうというだけが、学ぶということではない。

「行ないて余力《よりょく》あれば、則《すなわ》ち以《もっ》て文を学ぶ」（学而第一—六）

（これだけのことを実践して、まだ余力があったら、書物を学びなさい）

これも第二部第六章で見たことばであるが、まずは人間性を高め、人格を磨く。そのうえで、余力があれば書物による学問をせよというものである。書物による学習はあくまで「学び」の一つの方法という位置づけであり、さまざまな形で学ぶことが大切なのである。

また、次のことばもある。

「我れ三人行なえば必らず我が師を得《う》」（述而第七—二十一）

261頁参照。

281頁参照。

（三人で行動すると、かならずそこには自分の師となる人がいる）

人を見ては見習い、人を見ては反省する。人とのかかわりのなかで、どのような人からも学んでゆくというものである。

さまざまな機会を通して総合的に学ぶ、これが孔子が説く学びなのである。

学びが人間力を高める

「憤《ふん》せずんば啓《けい》せず。悱《ひ》せずんば発せず」

（述而第七―八）

（知りたい気持ちで心がふくれるくらいでなければ、指導しない。いいたいことが口に出かかっているぐらいでなければ、教示しない）

「如之何《いかん》、如之何《いかん》と曰《い》わざる者は、吾れ如之何《いかん》ともすること末《な》きのみ」

（衛霊公第十五―十六）

（「どうしたらいいのか、どうしたらいいのか」と悩みたずねないものは、

245頁参照。

246頁参照。

わたしはどうしてやることもできないね)

この二つのことばは、第二部第五章で見たものだが、孔子は学ぶものの自発性、主体的に学ぶということを重視した。そのためには、みずから考え、問題意識をもたなければならない。自分で考える、問題意識をもつことが学びを深めてゆくのである。学ぶうえで、こうした姿勢が大切なのは、いまもむかしもかわらないだろう。

ここまで孔子の説く「学び」について見てきた。

現代においても古典を学ぶ意義は大きい。古典には先人たちの知恵や経験などが凝縮されているからだ。古典を学び、そこから、いまに通じる新しいものを見出す。いつの時代においても大事なことである。

また、実践面と精神面について学ぶことも必要である。仕事、実生活につながる学び、そして心の修養も欠かせない。

学びかたは、単に机上で学ぶだけではなく見聞をひろげ、さまざまな機会を通して学んでゆく。そして、問題意識をもって、みずから進んで学んでゆく。

そのように学びつづけることで、一人の人間として自立して生きてゆくための総合的な力を、育んでゆくことができるのではないだろうか。つまり、学びが人間力を高めてゆくことにつながる。そして、この学びは生涯にわたってつづけてゆく必要があるだろう。

生涯学びつづけた孔子、まさに至高の人間力をそなえていた。そのかれの最後のことばは、次のようなものであったとされている（『礼記《らいき》』檀弓篇《だんぐう》）。

泰山《たいざん》いまぞ崩れなん

梁木《りょうぼく》いまし砕《くだ》けなん

—哲人《てつじん》いまや没《みまか》らん

『礼記』
五経（儒教の経典）の一つ。礼についての解説・理論を述べたもの。

◆泰山は、山東省にあり、多くの山から仰がれる名山。梁木は、家の梁《はり》で、多くの材が集まっている。ここから、賢人の死を、「泰山頽《たいざんくず》れ梁木折《りょうぼくお》る」というようになった。哲人は賢人であり、孔子自身のこと。孔子はみずからの死を予知していたのである。孔子はこの七日後に亡くなっている。

孔子略年譜

西暦（紀元前）	年齢	主な出来事
五五二	1	孔子、魯の都（曲阜）の郊外の昌平郷陬邑《すうゆう》に誕生。
五五一	2	（『史記』ではこの年に誕生）
五五〇	3	父の叔梁紇《しゅくりょうこつ》亡くなる。
五三四	19	孔子、幵官《けんかん》氏と結婚する。
五三三	20	子の鯉《り》が誕生。
五一七	36	昭公のあとを追って斉に外遊する。
五一六	37	このころ斉から魯に帰る。

五〇五	48	このころ弟子が増える。
五〇一	52	魯国の中都の長官となる。
五〇〇	53	夾谷《きょうこく》での会談に随行し、功績をあげる。
四九八	55	三桓氏の勢力をおさえる計画を実行するも、失敗に終わる。
四九七	56	孔子、魯を去って衛の国に行く。その後、諸国流浪の旅が十四年間つづく。
四八四	69	魯に帰国し、学問・教育に専念する。
四七九	74	孔子、死去。

主な参考文献

『論語』金谷治訳注（岩波文庫）
『完訳　論語』井波律子訳（岩波書店）
『論語』貝塚茂樹訳（中公文庫）
『論語　増補版』加地伸行全訳注（講談社学術文庫）
『新編論語の人間学』守屋洋著（プレジデント社）
『論語　中国の思想9』久米旺生訳（徳間書店）
『論語』吉田公平著（たちばな出版）
『論語と孔子の事典』江連隆著（大修館書店）
『孔子　人と思想2』内野熊一郎・西村文夫・鈴木總一著（清水書院）
『中公クラシックス　論語Ⅰ』貝塚茂樹訳（中央公論新社）

『ＮＨＫ「一〇〇分ｄｅ名著」ブックス 孔子 論語』佐久協著（ＮＨＫ出版）
『ビギナーズ・クラシックス中国の古典 論語』加地伸行著（角川文庫）
『新釈漢文大系 史記七（世家下）』吉田賢抗著（明治書院）
『中国古典文学大系 論語 孟子 荀子 礼記（抄）』木村英一、鈴木喜一、藤堂明保、福島中郎、竹岡八雄、日原利国、竹内照夫訳（平凡社）

【編訳者】

前田 信弘（まえだ のぶひろ）

経営コンサルタント。高校講師、専門学校教員を経て独立。長年、経営、会計、金融、マーケティングなど幅広くビジネス教育に取り組むとともに、さまざまなジャンルで執筆・コンサルティング活動を行う。あわせて歴史や古典などをビジネスに活かす研究にも取り組んでいる。著書に『偉人に学ぶ教養　人生をひらく渋沢栄一』『コンテンポラリー・クラシックス　方丈記　不安な時代の心のありかた』『コンテンポラリー・クラシックス　養生訓すこやかに生きる知恵』『コンテンポラリー・クラシックス　葉隠処世の道』『コンテンポラリー・クラシックス　五輪書　わが道をひらく』『コンテンポラリー・クラシックス　武士道　ぶれない生きざま』『コンテンポラリー・クラシックス　韓非子　人を動かす原理』『君の志は何か　超訳　言志四録』（日本能率協会マネジメントセンター）、『知識ゼロからのビジネス韓非子』『知識ゼロからのビジネス論語』『知識ゼロからの孫子の兵法入門』（幻冬舎）などがある。

論語　至高の人間力

2021年7月30日　初版第1刷発行

編訳者 —— 前田信弘

発行者 —— 張 士洛

発行所 —— 日本能率協会マネジメントセンター

〒103-6009　東京都中央区日本橋2-7-1　東京日本橋タワー
TEL 03（6362）4339（編集）／03（6362）4558（販売）
FAX 03（3272）8128（編集）／03（3272）8127（販売）
https://www.jmam.co.jp/

ブックデザイン —— IZUMIYA（岩泉 卓屋）
協　力 —— 株式会社ＲＵＨＩＡ
印刷・製本 —— 三松堂株式会社

ISBN978-4-8207-2935-8　C0010
落丁・乱丁はおとりかえします。
PRINTED IN JAPAN